VIVAVOCE

Giorgio Panariello

IO SONO MIO FRATELLO

MONDADORI

Dello stesso autore
in edizione Mondadori

Non ti lascerò mai solo
Guardami negli occhi
So che ci sarai sempre
Adesso tu

librimondadori.it

Io sono mio fratello
di Giorgio Panariello
Collezione Vivavoce

ISBN 978-88-04-73418-5

I edizione ottobre 2020

Indice

Io sono mio fratello

A Claudia

Mio fratello è figlio unico perché è convinto
che anche chi non legge Freud
può vivere cent'anni.

RINO GAETANO

Prologo

«È lui?»

Nei film gialli, l'ispettore di polizia lo domanda subito dopo aver sollevato il telo e mostrato il viso della vittima.

Invece all'obitorio nessuno me lo chiese, non ricordo nemmeno il grado o il viso del poliziotto incaricato di sbrigare la penosa formalità.

La risposta era nella carezza che gli passai sul viso, finalmente in pace, o nel bacio che gli appoggiai sulla fronte. Ancora mi sembrava tiepida, rispetto al gelo che si era infilato dentro la stanza, e dentro di me.

Tutto era ovattato, lontano, come se stesse accadendo a un altro. Mi sentivo come in una palla di vetro, una di quelle con la neve finta che si vedono sui banchi dei mercatini di Natale.

Non ero pronto, non mi ero preparato. Come avrei potuto? Solo due ore prima dormivo nel tepore della mia casa. La telefonata di Carlo Conti aveva fatto irruzione nel silenzio. Le sette del mattino, un orario insolito, non potevano essere gli auguri.

In altri mille momenti della nostra vita mi ero aspettato quella notizia, non quel giorno, non in quel modo. Era Natale porca miseria, a Natale non possono accadere cose simili.

Ci eravamo lasciati pochi giorni prima. Avevamo cenato, mangiato, bevuto, brindato alla fine dei nostri guai, seppellendoli sotto una valanga di risate, come una famiglia normale. Ancora lo vedevo sulla porta, con il mio regalo sottobraccio. Se ne era andato lasciandomi il suo: la promessa, mantenuta, di aver davvero cambiato vita, una volta per tutte. E io per la prima volta sapevo di potergli credere, di potermi fidare.

E invece lo avevano ritrovato buttato come un animale, anzi come un sacco di rifiuti tra le piante del lungomare di Viareggio, dove andavamo in motorino da ragazzi per guardare i passanti o i carri del Carnevale.

Eccoci ora, io e lui, finiti dentro una palla di vetro che qualcuno aveva capovolto. Quanta neve ci stava cadendo addosso.

Lo guardai per l'ultima volta, quasi a cercare qualcosa sul viso che non avevo mai notato. Me ne andai prima che finissero di coprirlo, nell'illusione di evitare un gesto che sarebbe stato definitivo: non avrei mai più visto la sua faccia. Un telo gelido si stava stendendo anche su di me.

Uscito nella luce lattiginosa di gennaio, inspiravo tutta l'aria che i miei polmoni potevano contenere.

All'esterno dell'ospedale c'erano dei fotografi, con l'ingrato compito di rubare qualche scatto. Non mi ha mai dato fastidio offrirmi agli obiettivi, anzi, è una piacevole conseguenza del mio lavoro, eppure allora non avevo nemmeno un sorriso. Mi sentivo davanti a un plotone d'esecuzione, in uno stato di resa totale.

Riparai dentro un bar. Davanti a un caffè, gettai uno sguardo sui palazzi intorno. Invidiavo il luccichio intermittente degli alberi di Natale, lo scintillio dei balconi addobbati, persino i Babbi Natale appesi alle ringhiere, non si sa se nell'intento di portare doni o svaligiare casa. Finii a pensare che fosse il periodo migliore per una moglie che voleva tradire il marito. Nel caso fosse rientrato prima del previsto, le sarebbe bastato procurarsi un costume da Babbo Natale e appendere l'amante alla ringhiera del balcone. L'immagine mi fece sorridere.

È la maledizione del comico, scovare la battuta anche nelle situazioni più tragiche. Forse anche la sua fortuna più grande. Ho invidiato il Natale degli altri, perché il mio non sarebbe stato più lo stesso.

Era successo tutto all'improvviso e non avevo avuto neanche il tempo di ragionare. Lo avevano portato dall'obitorio direttamente in chiesa, una chiesa affollatissima. Accanto a me c'era anche Leonardo Pieraccioni, che Franco adorava e che lo faceva ridere più di chiunque altro.

Tutto si era consumato velocemente, come se la sua vita non valesse nemmeno la veglia di una notte, e in poche ore mi ero ritrovato al cimitero di Montignoso, davanti alla terra smossa e alla sua bara.

Solo lì, finalmente, piansi tutte le lacrime che avevo trattenuto davanti alla folla di giornalisti, fotografi, curiosi. Sapevo che le mie lacrime erano le più attese, le mie e quelle di Renato Zero. Era in Versilia per qualche giorno di vacanza, avevamo in programma di passare Capodanno insieme. Ci ritrovammo a condividere il mio dolore.

Piangevo stringendomi a Elena, la compagna di allora, che mi aveva sostenuto e affiancato in tutte le durissime fasi del recupero di Franco e che aveva cucito con pazienza la riconciliazione tra noi due.

Vicino a noi tantissimi amici, parenti straziati, alcuni di loro inaspettati. Molti erano stati traditi, derubati, insultati da mio fratello, eppure nessuno aveva mai smesso di volergli bene. Perché tutto il male che aveva fatto, Franchino lo aveva fatto a sé stesso. Perché mio fratello è un'anima buona ed erano tutti lì a proteggerlo dagli sguardi indiscreti, come soldati stretti nell'assedio.

Lasciammo il cimitero dopo il tramonto. Buio. Sipario. Fine.

Ci ritrovammo in pochi intimi in un hotel a Forte dei Marmi a schiantare dal ridere, la risata che prende per accumulo di tensione nervosa. Ci raccontavamo aneddoti su Franco, come quella sera d'estate in cui io e la mia compagnia di amici stavamo seduti a bere fuori dalla Capannina di Cinquale. Una Cinquecento rossa all'improvviso e a tutta velocità era finita dentro una siepe, sfondandola e scatenando il fuggi fuggi generale. Ne era sceso Franco scrollandosi di dosso qualche fogliolina e chiedendo da bere, come se fosse normale parcheggiare l'auto in una siepe.

Senza patente e senza neanche aver mai messo in moto un'auto, si era fatto prestare la Cinquecento da un collega che faceva il cameriere con lui a Marina di Massa. Aveva percorso una decina di chilometri, sempre in seconda e senza mai cambiare marcia, e quando era stato il momento di fermarsi, non sapendo dove fosse il freno, aveva pensato che la siepe fosse un buon modo.

Tutti avevano un aneddoto su di lui, perché Franco era divertente nel suo essere fuori di testa, un equilibrista che camminava su un filo sospeso tra la consapevolezza e l'incoscienza.

Ognuno aveva il suo Franco personale, io racconterò il mio.

Io so di non sapere

Erano gli anni Sessanta e il boom economico aveva investito tutto il Paese, risparmiando solo la mia famiglia. Eravamo comunque felici, la felicità di chi sa accontentarsi di quello che c'è.

Oggi non riesco a immaginare come la nostra piccola casa in Versilia potesse contenerci tutti. Era una casa indipendente, una "viareggina" terra-cielo con due stanze da letto, un salottino riscaldato da una stufa a carbone, una cucina, un bagno e un ripostiglio che serviva da dispensa. Era pieno di biscotti, cioccolata, dolci e di tutte le bontà possibili, che dovevano essere nascoste alla mia vista e chiuse a chiave. Nessuno tranne me sapeva che la chiave del ripostiglio era uguale a quella del bagno, cosicché capitava di trovare uova di Pasqua intatte davanti e completamente mangiate dietro, come le scenografie di Cinecittà. Il ripostiglio era la mia isola del tesoro.

All'esterno avevamo una tettoia di cannicci, sostituiti poi da un più resistente e moderno eternit, dove d'inverno si parcheggiavano motorini e biciclette e si stendevano i panni, e d'estate si allestivano le tavolate della domenica. Oltre il piazzale in ghiaia, c'era un piccolo magazzino dove ci trasferivamo quando affittavamo la casa, e un box in lamiera che doveva servire per l'auto che non avevamo.

Vivevo con i miei fratelli più grandi: Duilio, Antonio e

Fortunata, tutti intorno ai diciotto anni. Era una famiglia patriarcale in cui mio babbo Raffaello fingeva di comandare e mia mamma Bona fingeva di ubbidire. Il suo nome per intero era Bonaventura, perché all'epoca si usava mettere il nome del santo corrispondente al giorno della nascita. In fondo le era andata bene, sarebbe potuta nascere nel giorno di santa Trofimena.

Ma' e Ba' – così li chiamavo – si erano conosciuti sul pontile di Cinquale, durante la guerra, dove lui giovane soldato della Marina Militare era stato assegnato a protezione della linea gotica appena conquistata dagli Alleati. Il Ba' era di Torre del Greco e per la Bona aveva deciso di restare in Versilia dopo la fine della guerra e aveva trovato un posto da saldatore alle acciaierie Dalmine, a qualche chilometro da casa.

Avevamo anche un cagnolino nero e bianco, incrocio di chissà quali razze, si chiamava Lady, ed era un maschio.

Per le feste la casa si riempiva di parenti che arrivavano da Napoli, altri addirittura dalla Francia, come mio fratello Gianfranco che veniva con la moglie e il figlio Bruno, o Brunò, come lo chiamava la sua mamma. Ero sempre felice di vederlo, sembrava provenire da un pianeta sconosciuto dove si parlava una strana lingua. Lui parlava, io facevo finta di capirlo e alla fine ci intendevamo alla grande.

C'era anche una donna giovane, che si faceva vedere soltanto durante le feste, carica di regali e di sorrisi, una specie di Babbo Natale femmina, profumato ed elegante.

L'albero, il presepe, i regali, i dolcetti, i parenti, tutto era perfetto, tranne che per un particolare: nessuno in quella rappresentazione era nel ruolo giusto, ma questo lo avrei capito tempo dopo.

All'epoca per me il Natale era solo giorni di capelli d'angelo e neve spray, di presepi con il muschio e il laghetto fatto di carta stagnola, crostini e lasagne, il pandoro da scuotere dentro la busta per distribuire bene lo zucchero a velo, panettoni da cui toglievo i canditi con la punta della forchetta, la messa di mezzanotte con l'odore d'incenso che impregnava i foulard delle signore e si mischiava alla naftalina delle pellicce conservate negli armadi e indossate per l'occasione, che se stavi troppo vicino ti veniva mal di testa.

Più di tutto, il Natale era i regali sotto l'albero, da puntare come un cucciolo punta le sue crocchette.

Ricordo ancora l'anno in cui scartai quello che mi aveva portato la donna misteriosa: un completo da cowboy con cappello, cinturone, pistola, stella da sceriffo e un fucile a tappi. Quando sparavi il proiettile partiva ma restava legato con una cordicella, e finiva sempre tra i piedi. Ero eccitatissimo, già immaginavo il momento in cui lo avrei usato in cortile con gli altri bambini. Peccato che al primo conflitto a fuoco fui eliminato da un ragazzino con un fucile mitragliatore di ultima generazione. Non me la presi, per me lo sceriffo è sempre stato più romantico di un ufficiale dell'esercito.

In uno di quei giorni, per la prima volta, lo vidi.

Invidio molto chi riesce a ricordarsi episodi della propria infanzia, per me restano una scintillante nebulosa di attimi. Eppure l'istante in cui posai lo sguardo su di lui è vivido, come se fosse ora. Perché prima di vederlo, io Franchino l'ho sentito. E lo sento ancora. È stata proprio quella sensazione a spingermi a sbirciare tra la selva di gambe degli adulti per cercare lo strano bambino che la donna misteriosa teneva per mano. Magro, con i capelli lisci ben pettinati, un paio di pantaloncini corti che nel freddo di dicembre lasciavano scoperte le sue gambette da passero. A testa bassa, guardava a terra, come un Pollicino in cerca delle molliche di pane.

Lei si accorse che lo stavo studiando, lo trascinò verso di me e in un baleno me li ritrovai davanti:

«Lui è Franco. Franco, saluta Giorgio.»

Quando il bambino alzò lo sguardo, mi accorsi che aveva un occhio storto. Non sapevo che cosa fosse lo strabismo, in quel momento mi sembrò solamente buffo, un segno che lo rendeva diverso da tutti gli altri.

Con un occhio guardava me e con l'altro il resto del mondo, come se non dovesse sfuggirgli niente lì intorno.

«Giorgino, lui è tuo fratello» disse la signora. Non ricordo quale fu la sensazione esatta, devo aver pensato: "Un altro! E chi glielo ha chiesto? Siamo già troppi in questa casa".

Di sicuro la mente è andata subito ai miei giocattoli, a dove avrei potuto nasconderli, anzi seppellirli, perché non cadessero nelle sue mani. Sapevo le disastrose conseguenze che avevano i fratelli minori sui giocattoli. Non ero preparato.

Lui riabbassò lo sguardo, forse pensai che non rappresentasse una grossa minaccia e dopo l'iniziale smarrimento cominciammo a giocare come se nulla fosse, come se lo avessimo sempre fatto, come sanno fare i bambini: senza pregiudizi. Alla fine della giornata Franco era già più di un amico, più di un compagno di giochi, moltissimo di più di un compagno di scuola. Era mio fratello, e qualsiasi cosa volesse dire gli avrei voluto bene. Non immaginavo poi che fosse anche l'unica persona al suo posto nella mia vita.

Finite le vacanze di Natale, la signora misteriosa ed elegante se ne andò, Brunò con Gianfranco e la moglie tornarono sul loro pianeta lontano.

La cosa strana fu che anche mio fratello se ne andò. Sparì, così come il lettino accanto al mio dove aveva dormito in quei giorni.

Chissà dove vanno a finire i fratelli dopo le vacanze, mi chiedevo.

La mia infanzia passò così, Franco cominciò a tornare sempre più spesso, anche a Pasqua, per la mia comunione, poi per la cresima e durante le vacanze estive, che iniziavano a maggio e finivano a settembre. Di pari passo crebbe l'affetto per lui, e il nostro attaccamento.

Mi piaceva mostrarlo come un trofeo: «Lui è mio fratello» dicevo a tutti. Avere un fratello minore mi rendeva importante agli occhi degli altri. Mi sentivo meglio, mi sentivo in due.

Duilio, Antonio e Fortunata erano grandi, portavano i capelli lunghi, andavano a ballare, ascoltavano i 45 giri di Celentano, Morandi, Nicola di Bari, cantavano *Luglio* e *Stessa spiaggia, stesso mare*, sognavano la California e l'Isola di

Wight, uscivano già con le ragazze, si vestivano come i Ricchi e Poveri. Mi consideravano un moccioso. Con Franco ero io quello grande, nonostante avessi solo un anno in più. Ero il fratello maggiore che doveva insegnare al più piccolo come si viveva. Lo proteggevo dalla sua timidezza e da tutti quelli che lo prendevano in giro per quel suo occhio storto.

Insomma, mi dava un gran da fare.

Con gli anni la timidezza si trasformò in aggressività. Mi resi conto che cominciava a difendersi benissimo da solo, anche con quelli più grossi di lui.

Non sapevo da dove venisse tutta la sua rabbia, ma iniziai a rispettarne il lato selvaggio. Scoprii che era un'ottima spalla, in qualche modo mi sentivo protetto da lui. Ma ogni volta, quando ormai mi ero quasi abituato alla sua presenza, se ne andava.

Cominciai a soffrire il suo continuo sparire, mi confondeva. Mi chiedevo dove andava, dove stava quando non era con me, aveva un'altra casa con un altro fratello? Altri amici?

Non capivo perché non rimanesse con noi, come i fratelli di tutte le famiglie, che mangiavano, giocavano, studiavano, litigavano, si menavano, facevano pace, dormivano, facevano tutto insieme ogni santo giorno.

Perché avevo un fratello solo "ogni tanto"?

Lasciavo che queste domande mi ronzassero in testa senza avere il coraggio e la forza di farle a qualcuno. Avevo una strana paura di sapere la verità e nessuno mi aiutava a capire.

Se non potevo contare sulla franchezza dei grandi, fu la cattiveria dei bambini ad aprirmi gli occhi.

Pane e acciughe

«Come mai i tuoi genitori non ti vengono mai a prendere a scuola? Perché mandano i tuoi nonni?»

«Il tuo babbo e la tua mamma non ti vogliono più bene?»

Le scuole elementari, per un bambino sensibile, possono diventare un nido di serpi. Non capivo per quale ragione i compagni mi facessero certe domande. I miei genitori non erano giovani come i loro, ma mi volevano bene, non mi facevano mancare nulla. Rimuginavo tra me e me mentre percorrevo via Pardini, tornando a casa da scuola, con il grembiulino nero, il colletto bianco e il fiocco celeste, sulle spalle la cartella di cuoio che profumava di banana matura. La Ma' me la dava per merenda, e capitava che non la mangiassi e che rimanesse tutto il fine settimana nella cartella, impregnandola del suo odore. Ancora oggi l'odore della banana matura mi fa tornare a quei giorni.

Oltre alla banana, per paura che morissi di fame, la Ma' infilava anche un panino con le acciughe marinate, avvolto in diversi strati di carta stagnola per paura che sgocciolasse, e così il panino sembrava ancora più grosso di quel che era.

All'ora della ricreazione mi vergognavo da morire, i miei compagni tiravano fuori le loro merendine confezionate, i Tegolini, le Girelle e altre meravigliose delizie industriali, io scartavo il mio panino gigante con le acciughe che a ogni morso colava tanto olio da farmi condire qualsiasi cosa toccassi: libri, quaderni, astucci. Tutti marinati.

Le continue domande sui miei genitori e gli sfottò sulla loro età fecero alzare la soglia della mia attenzione sul Ba' e la Ma', su chi fossero veramente.

Cominciai a rubare pezzetti di dialoghi, mozziconi di parole, sussurri, gusci di conversazioni lasciati in una stanza non appena entravo io. E nel tempo, a poco a poco, inciampai nella verità.

Era il '68 e anch'io vissi la mia personale rivoluzione. Venne fuori che i miei fratelli erano in realtà i miei zii, compreso quello in Francia, e quelli che avevo creduto i miei genitori erano i miei nonni.

Inaspettatamente quello che avrebbe potuto essere uno tsunami si rivelò per me come un naturale assestamento. Non fu un trauma scoprire chi fosse veramente chi, in fondo non mi importava su quale ramo del mio albero genealogico si posizionavano la Bona e Raffaello o Duilio o Fortunata. Mi avevano cresciuto con cura e amore, l'unica cosa che conta e di cui non ho mai sentito la mancanza. Fino all'ultimo giorno, ho chiamato i miei nonni il Ba' e la Ma', perché quello sono stati per me.

Il vero colpo di scena fu scoprire che la donna misteriosa, che appariva solo per le feste comandate, era mia madre. Nostra madre, mia e di Franco. Una trama degna di una soap opera.

Si chiamava Raffaella, quinta di cinque fratelli, scappata da casa ancora minorenne per inseguire chissà quali chimere, poi per evitarne le conseguenze e le sue responsabilità di madre bambina. Aveva avuto me e poi Franco a distanza di un anno con due uomini diversi, spariti, vaporizzati, sciolti nel nulla, probabilmente all'oscuro di tutto. Ancora oggi non so chi sia mio padre, né se lui sappia di me. Sono convinto di no, con la popolarità spuntano parenti come funghi e finora un padre non è mai spuntato. Potrei persino avere altri fratelli in giro per il mondo, altri nipoti e così via, gli uni inconsapevoli degli altri.

Mia madre ci aveva concepiti, partoriti e semplicemente lasciati, con la candida incoscienza che le permetteva di farsi viva ogni tanto, come se tutto fosse normale.

Era una bella donna, aveva capelli corvini e ricci, il naso piccolo, la bocca sottile e gli occhi neri uguali ai miei. Le somigliavo molto. Tutto il contrario di Franco, che invece aveva una bocca carnosa, capelli lisci e un grande naso. Io e lui non ci somigliavamo in nulla. Eravamo, di fatto, due fratelli unici.

Non ho mai nutrito nessun risentimento nei confronti di mia madre, né rabbia, né odio. Sembra triste dirlo, ma non ho mai provato niente per lei, nemmeno amore. Non l'ho mai amata perché non mi ha mai insegnato a farlo.

Appena nato, i miei nonni decisero di accogliermi a casa loro. Anzi, mia nonna lo decise, perché nonno non voleva.

Era un brav'uomo, di scorza dura, coriacea. Poteva sembrare freddo, ma era pura difesa. Non sapeva leggere né scrivere e questo lo rendeva diffidente nei confronti degli altri, come a dire: sono un ignorante, ma a me per il culo non mi prendi.

Conoscevo bene il Ba', sapevo come prenderlo, e lo amavo, anche quando mi dissero che era stato assolutamente contrario alla mia adozione. Non la capiva, era un patriarca del Sud con la sua idea di famiglia, difficile da scardinare. Si rifiutò di accompagnare mia nonna a Firenze, quando venne a prendermi per portarmi da loro, e quando fui a casa, si rifiutò di guardarmi. Durò solo qualche giorno, perché *'o core* napoletano ebbe il sopravvento e in breve tempo imparò a consideràmi un figlio.

Un anno dopo il mio arrivo seppero della nascita di Franco a Livorno e questa volta il Ba' fu irremovibile: un nipote appena adottato e una situazione economica precaria non gli permettevano di farsi carico di un altro bambino, così si arrivò alla decisione di affidarlo a un collegio di suore a Marina di Massa. Sarebbe stato abbastanza vicino da poterlo seguire e provvedere per quel che era possibile alla sua educazione.

E così cominciò la storia del mio "fratello-ogni-tanto".

In quell'improvviso rimescolamento dell'albero genealogico, chiunque, anche il postino, poteva essere un parente. Così smisi di fare domande per paura delle risposte. Ignorai la faccenda e lasciai che la vita mi scivolasse addosso, crogiolandomi nel calore umano della mia casa e facendo come se tutto fosse normale, perché alla fine ero un ragazzino cresciuto a pane e acciughe con una gran voglia di normalità. Lasciai che mia madre continuasse a interpretare sé stessa, apparendo di tanto in tanto come la Madonna, con regali e sorrisi di circostanza; che mio fratello continuasse ad andare e venire per le feste, per le vacanze o per il mio compleanno.

Conservo ancora qualche foto di noi: io dietro la torta con le candeline accese, intorno a me cugini, amici, la Ma' e Franco davanti, in primissimo piano, che guarda dentro l'obiettivo con il suo occhio storto. Senza sorridere.

Il cigno

Cominciai a frequentare le scuole medie di Forte dei Marmi e in quegli anni si depositò in me il seme dello spettacolo.

Scrivevo la mia firma per intero ovunque, prima su pagine di quaderni, sulla fòrmica dei banchi, poi su qualsiasi superficie disponibile, come se stessi facendo prove per gli autografi futuri. Mi chiudevo in bagno per ore, non per fare quello che di solito fanno in solitudine i ragazzini di quella età, ma per intervistarmi. Usavo la spazzola per capelli di mia nonna come un microfono e fingevo di rispondere a un giornalista immaginario. Quando mi chiedeva quale fosse il segreto del mio successo, parlavo benissimo di me, inventando a tutto spiano.

Ero timido e cicciottello, con un'avversione patologica alla matematica e la passione per la geografia, la grammatica e la storia. Non eccellevo in nulla e questo non mi rendeva un ragazzino popolare, ma avevo un'intelligenza acuta e un ottimo spirito di osservazione che mi permettevano di cogliere la voce, i modi, le caratteristiche degli insegnanti. Li imitavo davanti ai compagni, che ridevano e si divertivano. Era il mio modo per farmi accettare.

Con l'età cresceva anche la fiducia in me stesso e sentivo sempre meno il peso di non avere dei genitori ad aspettarmi all'uscita di scuola.

Anche perché il Ba' e la Ma' mi hanno sempre dato tutto

quello di cui avevo davvero bisogno, regalandomi un'infanzia felice. Lo stesso non posso dire per mio fratello, ciò che gli è mancato ha finito per segnargli la vita. Crescere senza affetto è come stare senza un tetto sopra la testa, non ci si sente mai protetti, difesi, mai a casa. È stata solo una questione di culo. Potevo nascere un anno dopo di lui e mio fratello sarei stato io. E invece è toccato a lui sentirsi addosso un anno di meno, un anno di troppo.

Se la mia vita si stava incanalando sui binari giusti, quella di Franco a un certo punto ha deragliato.

Ha iniziato a dare segni di insofferenza alle regole restrittive del collegio, è diventato litigioso e i suoi scatti d'ira, sempre più frequenti, sfociavano in vera e propria violenza nei confronti delle suore e dei suoi compagni di sventura. Aveva bisogno di sentirci tutti più vicini, ma all'epoca non capivo e lui in fondo era solo il mio "fratello-ogni-tanto".

Se ne avessi avuto coscienza, avrei cercato di dividere con lui l'amore che mi veniva dato, un pochino per uno. Le uniche cose che invece sapevo condividere erano qualche gioco e una fetta di dolce per il mio compleanno.

Fu trasferito in un altro collegio, a Siena, e ne persi le tracce.

Da lì i miei ricordi si annebbiano, ci vedevamo così poco che fatico a collegare i mesi, gli eventi, i periodi precisi.

Tutto si riaccende all'età di sedici anni. La memoria sorvola i pini della Versilia in piena estate, sfiora il mare, le spiagge, gli ombrelloni colorati, le cabine degli stabilimenti balneari, sfiora le teste dei turisti, formiche giganti sulle loro biciclette scintillanti, e plana su uno spennacchiato campetto da calcio dove è in corso una partita tra ventidue ragazzini sudati. Ognuno con una maglietta diversa, chi con le scarpe da tennis, chi con quelle da basket, qualcuno scalzo.

Uno di loro, capelli lunghi e bagnati di sudore, stoppa la palla di petto al limite della sua area e se la aggiusta tra i piedi, corre verso centrocampo saltando un paio di avversari sempre a testa alta, con eleganza, con classe. Sembra un cigno.

Butta lo sguardo dentro l'area avversaria e lascia partire un traversone che con millimetrica precisione si posa sui piedi dell'attaccante, quello non deve fare altro che spingerla dentro e segnare.

Il portiere assiste disperato alla palla che s'insacca nella rete. Il portiere ero io.

Non ero male, avevo anche fatto un provino con gli esordienti del Milan. Avevano notato quel portierino con un'ottima tecnica, una bella posizione davanti alla porta e una giusta dose di spericolatezza che per il ruolo non guasta mai, così mi avevano portato a Milanello a giocare una partitella davanti agli osservatori della società, sempre alla ricerca di nuovi talenti.

Al termine della partita mi avevano misurato. «Bravo, un po' basso per l'età» era stato il commento del medico sportivo. Mi rimandarono a casa per farmi tornare l'anno successivo. Avevo sedici anni, in piena età dello sviluppo, la speranza era quella che sviluppassi.

L'anno dopo tornai e mi misurarono di nuovo. Avevo perso un centimetro. Mi ero involuto. Un mistero che nessuno è mai riuscito a spiegare e che bastò a spegnere ogni velleità di diventare quello che tutti i ragazzi sognano di diventare.

Il cigno era Franco.

Giocava benissimo. Giocava con disinvoltura in qualsiasi parte del campo, anche se il suo ruolo preferito era il libero. Faceva da collante tra difesa e centrocampo, impostava l'azione d'attacco nelle ripartenze e all'occasione chiamava il fuorigioco. Aveva stile, non era mai rissoso, cattivo quanto bastava per contrastare gli avversari.

Per il suo avanzare elegante e per la completa visione di gioco lo paragonavano ad Antognoni, mitico capitano della Fiorentina, *il ragazzo che gioca guardando le stelle*. Eppure il suo idolo era Franco Baresi, leggendario libero del Milan che avrebbe vinto il mondo. Il Milan è stata una delle nostre poche passioni in comune, forse l'unica.

Tutti lo volevano in squadra. Per lui era l'unico modo di essere considerato, distinguersi in qualcosa che non fosse la sua condizione di ragazzo ai margini.

Quando giocava non era più un brutto anatroccolo. Il calcio era il suo riscatto. Giocava dove poteva, con chiunque, sotto il sole cocente o sotto la pioggia. Nei campi erbosi, sulla terra battuta, sul cemento, sulle strade ancora da asfaltare, polverose e piene di sassi, che ti sbucciavano le ginocchia.

Se la sfortuna si fosse distratta, anche solo per un attimo, lo sport avrebbe potuto regalargli l'occasione di cambiare il corso della sua vita. Ma la sfortuna con Franco non ha mai perso un colpo.

Al di là del calcio, riuscivamo a condividere poche cose. Nelle settimane che trascorreva con noi, soprattutto d'estate, ci vedevamo solo durante i pasti. Passavamo il resto della giornata con compagnie completamente diverse, che difficilmente si incrociavano, anche in un paese piccolo come il nostro.

Nonostante fossimo figli della stessa sorte, sembravamo appartenere a due classi sociali distinte. Io con i miei amici perbene, sempre ben lavati e stirati, che frequentavano la parrocchia, che onoravano il padre e la madre; lui con i suoi, un po' sdruciti e con ben poco da onorare.

Intorno ai diciotto anni la differenza si accentuò ancora di più.

Compiuta la maggiore età, diventò impossibile confinare mio fratello dentro un istituto, venne per lui il momento di entrare di diritto nella nostra famiglia.

In casa, molte cose erano cambiate. I miei zii si erano sposati e se n'erano andati a costruire la loro vita altrove, senza allontanarsi troppo; mia madre era sparita trasferendosi dalle parti di Napoli; il Ba' e la Ma' erano invecchiati.

Per tutte queste ragioni, quando Franco si presentò alla porta con uno zaino pieno del niente accumulato nel tempo, ripose nel mio armadio l'unico giubbotto che aveva e prese definitivamente possesso del lettino, non lo vissi come un'invasione, anzi. Provai la sensazione di un vuoto che si riempiva e mi piacque, come l'eccitazione che ti prende quando ti trovi davanti a un grande cambiamento.

Mi chiesi se e quanto sarebbe cambiato il nostro rapporto, avremmo continuato a vivere come due linee parallele oppure avremmo finito per incontrarci, capirci, volerci bene, addirittura volerci meglio? Quanto contava il nostro legame di sangue?

Mi domandavo se avrei potuto cambiarlo o se sarebbe stato lui a cambiare me.

Ma soprattutto, avrebbe indossato i miei jeans e la mia camicia preferita? Questa era la più grande preoccupazione, per me che avevo ancora la sindrome del figlio unico.

In attesa delle risposte, mi godevo il sapore di novità che avevo in bocca.

Robin Hood

Per un po' le cose filarono lisce. Frequentavo la scuola alberghiera ed ero impegnato anche il pomeriggio. All'epoca si poteva scegliere fra tre indirizzi: sala e bar, portineria, cucina. Scelsi portineria perché mi piaceva più l'idea di ricevere che di servire. Nella testa continuavo ad avere altro e vivevo con scarso entusiasmo la scuola.

Era il '78 e avevo diciotto anni. Si era nel pieno degli anni di piombo: le bombe, le stragi, le gambizzazioni, il rapimento e l'uccisione di Moro, le proteste di piazza, le manifestazioni studentesche.

Provenivo da una famiglia socialista, perciò mi riconoscevo nei valori romantici di una sinistra che chiedeva uguali diritti per tutti e inseguiva la chimera della parità sociale.

Indossavo l'eskimo verde militare, la divisa ufficiale del rivoluzionario, e frequentavo gruppi studenteschi che a giorni alterni si rifiutavano di entrare a scuola e si accampavano nelle palestre, negli auditorium, dove un giovane leader barbuto con i capelli lunghi e una canna in bocca arringava la folla invitando tutti a riflettere su quale albero del cortile fosse il più adatto per appendere il preside.

Ricordo che il preside si chiamava Aniello. Lo imitavo benissimo. Una mattina, per evitare un'interrogazione per cui non ero preparato, chiamai la portineria imitando la sua voce e dicendo che c'era il sospetto di una bomba nella scuola. L'intero edificio fu evacuato, prima che scoprissero che non era stato lui a chiamare.

Per me la rivoluzione era un gioco, era il pretesto per frequentare la scuola il meno possibile, per far girare una canna, per conoscere qualche ragazza, per sentirmi parte di qualcosa, per l'adrenalina di partecipare a un corteo gridando slogan in faccia ai poliziotti in tenuta antisommossa.

Non mi rendevo conto di cosa veramente fossero la lotta di classe, gli attentati, il terrorismo. La mia era una rivoluzione moderata. Il mio slogan era: è ora, è ora, aspettiamo un quarto d'ora!

Di tutto questo – della politica, delle proteste, delle rivendicazioni – Franco se ne fotteva. Era troppo impegnato a pensare alla lotta con sé stesso per occuparsi della lotta di classe. La sua era una rivoluzione interiore.

Integrarsi in una società che non ti perdona neanche le colpe che non hai commesso non era semplice. Non aveva nessun punto di riferimento, un appiglio al quale aggrapparsi. La famiglia lo sopportava a malapena, a parte quel fratello così diverso da lui che girava con l'eskimo e si sentiva il Che Guevara della Versilia. Non aveva le basi sufficienti per frequentare nessun istituto superiore, sarebbero state solo umiliazioni e frustrazione.

Un lavoro poteva essere la soluzione, se avesse conosciuto l'amor proprio, l'ambizione, la tenacia, o forse una più scontata voglia di riscatto. Prevalse in lui l'abbandonarsi, l'annichilirsi, il lasciarsi andare alla mancanza di qualsiasi volontà.

E il suo passato diventò un'arma di difesa, il pretesto per giustificare ogni tipo di indolenza.

Se ne approfittò.

Era molto più semplice indossare la maschera del ragazzo ribelle e incompreso, al quale tutto si perdona, che prendersi il rischio di provare a fare qualcosa e fallire.

Franchino, come ormai lo chiamavamo tutti, cominciò a pensare che la via più breve per ottenere quello che avevano gli altri fosse quella di rubarlo. Piccoli furti, mai rapine, non era un malvivente, non lo è mai stato.

In più, divideva sempre la refurtiva con altre persone: pagava da bere, comprava sigarette, faceva piccoli regali. Una specie di Robin Hood.

Rubava per avere qualcosa da offrire, così da guadagnarsi la benevolenza degli altri. Non ricordo di averlo mai visto tornare a casa con un giubbotto o un paio di scarpe nuove, sempre e solo con nuovi amici.

Col passare del tempo le sue bravate arrivarono all'orecchio di mio nonno, che mal sopportava il fatto che Franchino non studiasse e non avesse mai mantenuto la promessa di trovarsi un lavoro.

Il Ba' aveva perso il suo per un'operazione alle corde vocali, lesionate dalle esalazioni che produceva la saldatura degli enormi tubi Dalmine. In casa si viveva con la sua modesta pensione. Io davo una mano lavorando durante l'estate come cameriere negli alberghi della Versilia, ma quello che guadagnavo non bastava nemmeno per mantenermi a scuola. Lo stipendio di Franchino avrebbe fatto comodo.

Così ogni volta che ci sedevamo a tavola scoppiavano liti furibonde. La Ma' cercava di riportare la conversazione sul ragù o sulle polpette, nel tentativo di mettere pace, con il solo risultato di veder volare un piatto con sopra le sue succulente lasagne al forno. Era una gran cuoca la Ma'.

Io cercavo di portare le ragioni dell'uno all'altro, perché se era vero che mio nonno non l'aveva mai amato né voluto, Franco non aveva mai fatto niente per cercare di comprendere un uomo anziano, minato nella sua dignità.

Ma la gioventù manca di saggezza, e spesso di dolcezza.

La situazione si fece insostenibile e un giorno mio nonno lo cacciò di casa.

Mia nonna approntò un lettino nel box in lamiera e Franco ci si stabilì.

Convincemmo il Ba' che quella poteva essere una buona sistemazione, in attesa che si fosse trovato un'occupazione per guadagnarsi il suo posto in famiglia, ma non convincemmo Franco, che iniziò una vera e propria guerra. Tolse la maschera del ragazzo ribelle e indossò quella dello stronzo, tanto non sarebbe mai riuscito a comprarsi l'amore di mio nonno.

Viveva ai margini della nostra casa. La Ma' gli portava cibo condito con le bestemmie del Ba'. In tutta questa situazione mi sentivo impotente, quando cercavo di ricondurre mio nonno alla ragione mi trovavo davanti un muro. Mi faceva rabbia e pena il Ba', pena perché non mi era difficile capire il suo punto di vista, rabbia perché non ascoltava nessuno a parte le sue ragioni. Non aveva la cultura per capire che in quel modo non avrebbe ottenuto niente da mio fratello, non lo avrebbe cambiato, ci voleva ben altro. Ci voleva un po' di sensibilità, una qualità che il Ba' non conosceva.

Franco si mostrava forte, passava sotto le nostre finestre a testa alta, con l'arroganza di chi non ha bisogno di nessuno, di chi può farcela benissimo da sé, e invece aveva bisogno di tutto e di tutti.

Quando ogni tanto mi fermavo da lui, nella casa di lamiera gelata d'inverno e bollente d'estate, raccoglieva le gambe al petto, si raggomitolava e il suo sguardo strabico si riempiva di lacrime. Piangeva in silenzio, con la testa nascosta tra le ginocchia, per la vergogna. Quei momenti erano una breccia, un ponte levatoio per farmi entrare, anche se per poco. Cercavo di farmi ascoltare e di convincerlo che avevamo una vita davanti e avremmo ancora potuto inventarci tutto. Io c'ero, l'avrei aiutato se mi avesse dato retta. Ma non avevo un piano, confidavo che le cose con il tempo si sarebbero sistemate da sé.

Non avevo messo in conto che sarebbe bastato un soffio per far crollare la sua fortezza: il nemico era già entrato e ora era il suo più potente alleato.

Franchino cominciò a bere.

Durante il giorno aveva il pudore di evitarmi, me ne accorgevo quando tornava a casa alla sera, sfatto.

Non lo biasimavo, anch'io non ero certo iscritto all'esercito della salvezza. Quello che non sapevo – ne venni a conoscenza solo dopo – era che mescolava alcol e psicofarmaci.

Erano i primi mattoni di un muro che lo avrebbe isolato dal resto del mondo.

Amar perdona

«Sai che hai un fratello davvero speciale?»

Franco si fece rosso in viso, mi guardò sorpreso, senza dire niente.

Stavamo tornando a casa sull'auto di un amico, eravamo appena usciti dalla discoteca, io davanti accanto al guidatore, dietro mio fratello con una ragazza.

Lui non frequentava le discoteche, alla febbre del sabato sera preferiva le sbornie e qualche cannetta a casa di amici, alla disco-music il blues, al mojito una birretta.

Eravamo come i Beatles e i Rolling Stones.

Non era a suo agio in mezzo alla gente, si sentiva sempre fuori posto, soprattutto perché sapeva che molti amici miei conoscevano la sua situazione, e se ne vergognava.

Insistevo perché uscisse con me, nella speranza che stare in mezzo a gente più regolare lo avrebbe tenuto lontano dalle tentazioni. Ormai il fango era dappertutto e, per quanto mi potessi sforzare, lui finiva sempre per andarsene dietro a chiunque avesse in tasca un po' di sballo.

Quella sera, gli occhi azzurri della ragazza lo convinsero a unirsi al mio gruppo e tornare in auto con noi.

«Davvero simpatico e carino» insistette lei. Bastò per farlo innamorare perdutamente.

La sua era sete e anche la più piccola goccia d'amore poteva placare la sua arsura. Sperai che l'innamorarsi potesse essere la cura. Non gli mancava nulla per piacere, solo l'esperienza.

Iniziò a spiarmi di sottecchi per rubare il mio modo di fare con le ragazze, che a quel tempo, modestamente, non mancavano. Non ero bello ma avevo sempre la battuta pronta, sapevo ballare e, per quello che mi consentivano le scarse possibilità economiche, cercavo di stare al passo con la moda: giacche con le spalline imbottite e pantaloni a vita alta con la cintura che arrivava sopra l'ombelico. Avevo poi una testa piena di ricci che mi faceva sembrare un nero di Harlem. Tentavo di contenerli con chili di gel ma bastavano duecento metri in motorino per farli gonfiare di nuovo. Lui mi chiamava "Napo orso capo", come l'orsetto protagonista di un cartone animato molto popolare in quegli anni. Insomma, non passavo inosservato.

Per conquistare la ragazza dagli occhi azzurri, Franchino cominciò a imitarmi. Curava di più il suo aspetto, il suo modo di vestire e soprattutto si metteva le mie camicie preferite. Glielo permettevo, anche se controvoglia, per la causa. Una donna può mettere d'accordo il crucco con il partigiano.

Cercava mille scuse per incontrarla, a ogni appuntamento si faceva trovare lucido e Dio solo sa quanto gli costasse fatica. La riempiva di attenzioni e le scriveva delle meravigliose poesie. In quel periodo mi accorsi che Franco era più bravo a esprimersi con la scrittura. Chi lo sentiva parlare, nel suo modo asciutto, diretto, spesso sgrammaticato, avrebbe fatto fatica a credere che potesse aver scritto quei versi. La scrittura era l'essenza di mio fratello, per capirlo davvero bisognava leggerlo.

Purtroppo non funzionò.

L'illusione durò il tempo di un gelato, lei gli fece capire che aveva frainteso tutto e che lo trovava davvero una persona speciale ma i suoi occhi azzurri erano già di un altro.

L'amore è una medusa, anche solo sfiorandoti può ferirti.

Chiunque avrebbe alzato le spalle e nascosto la delusione dietro un sorriso di circostanza. Franco si incazzò, non era stato lui a fraintendere, era lei ad averlo preso in giro.

Mandò a fare in culo lei e tutti quelli che trovava nel raggio di tre metri, compreso il gelataio, e se ne andò ad affogare il dispiacere in qualche bicchiere di vino e una scatola di sonniferi, come se innamorarsi fosse stata solo una pausa di lucidità, un fiammifero nel buio.

Da lì in poi fu sempre così. Bastava che una ragazza lo stesse ad ascoltare per più di dieci minuti, desse segno di comprenderlo, lo facesse sentire importante, e diventava l'amore della sua vita.

Si buttava a capofitto, senza rete, noncurante delle regole sull'amore stabilite dal filosofo-cantante Marco Ferradini nel suo *Teorema*: se dai a una donna il meglio di quello che hai, lei ti lascerà di sicuro; se la tratti male, ti amerà. In pratica, colui che ama di meno è più forte.

A lui invece saliva la febbre che costringe lo scommettitore a puntare sempre su un solo cavallo, sicuro che sia quello giusto, sperando che sia quello vincente.

E ogni volta anch'io mi ritrovavo a sperare, speravo che l'amore di Franchino fosse ricambiato perché la delusione avrebbe peggiorato le cose.

Ma il problema non era il cavallo, era il fantino. Mio fratello ha sempre preteso di essere amato, credeva gli spettasse di diritto, per la sua condizione, per quello che aveva passato, per il male che gli era stato fatto e il bene che gli era stato negato.

Lo pretendeva da tutti, da mio nonno, da me, dagli amici, dalle donne di cui si innamorava. Come se lo meritasse per tutto il suo soffrire. Per lui che aveva così tanto da dare, non essere amato era una cosa inconcepibile.

E chiunque non potesse o non volesse dimostrargli amore aveva un posto assicurato dentro il girone dei dannati del suo personale Inferno.

Dopo ogni amore fallito, ogni ricaduta era devastante. Più cercava di uscirne, più andava a fondo, come nelle sabbie mobili.

Avessi avuto dieci anni di più, avrei potuto consigliarlo, guidarlo, avrei avuto i coglioni di attaccarlo al muro e dirgli in faccia che non si può pretendere di essere amati, non funziona così. Lo si può sperare, desiderare, ma non pretendere.

Invece mi limitavo a spiarlo mentre attraversava il giardino barcollando, stretto nel suo piumino malridotto, con la faccia affondata nella sciarpa di lana, durante le gelide notti d'inverno. Buttava uno sguardo furtivo verso la porta di casa, nella fugace speranza che qualcuno gli aprisse, poi lo vedevo entrare nel box di lamiera. Lo immaginavo cercare il letto nel buio perché la lampadina non funzionava mai, e infilarsi sotto le coperte vestito per non sentire il freddo, perché anche dormire era una sofferenza.

Mi chiedo ancora quanto mi abbia odiato sapendomi al caldo tra lenzuola che profumavano di buono.

Il figliol prodigo

Si dice che il tempo aggiusta tutto, per noi non fu così. Più il tempo passava, più la situazione peggiorava.

Non di rado, tra Franco e il Ba' si sfiorava la rissa. Quando uscivo di casa, mi portavo sempre dietro la paura che potesse succedere qualcosa di brutto e, quando rientravo, il timore di essere arrivato troppo tardi.

Quando anche la situazione economica peggiorò, decisi di lasciare la scuola alberghiera. Sentivo che non mi avrebbe portato da nessuna parte, non era la mia direzione, stavo solo perdendo tempo.

Ne parlai in famiglia e nessuno si strappò i capelli, anzi, nel giro di una settimana mio zio Antonio, che era a capo degli elettricisti in un grande cantiere navale di Viareggio, mi trovò un posto come operaio. Smisi la divisa del cameriere per indossare la tuta blu.

Ogni mattina la Ma' mi svegliava alle sei, mi portava un paio di fette di pane abbrustolito sulla stufa spalmato con burro e marmellata, una tazza di caffè e latte e mi consegnava un portavivande con il pranzo, una versione evoluta del panino con le acciughe. Mio zio passava a prendermi con la sua Cinquecento rossa e andavamo al cantiere.

Dopo il primo chilometro, confortato dal riscaldamento dell'auto e dalla musica della radio, mi addormentavo. Le voci calde dei dj di Radio Montecarlo, all'epoca una delle prime radio libere, facevano da sottofondo al torpore mattutino e io sognavo. Sognavo di essere uno di loro. Sentivo la mia voce diffondersi nelle case per annunciare *Vamos a la playa*, *Self Control* oppure scandire in un perfetto inglese *Through the Barricades* degli Spandau Ballet o *Notorius* dei Duran Duran, i due gruppi che facevano impazzire orde di ragazzine in tutto il mondo, innamorate di Simon Le Bon e di Tony Hadley. Sognavo che una di quelle ragazze, nella sua cameretta rosa piena di poster, mi ascoltasse sognante e grata.

E la gratitudine si trasformava in un bacio, una carezza. Solo che all'improvviso il suo viso diventava quello di mio zio e la carezza uno schiaffo sulla testa che mi svegliava di soprassalto.

I miei sogni di gloria duravano pochi chilometri e finivano davanti al cancello del cantiere, oltre il quale c'era la realtà.

I colleghi elettricisti erano tutti più grandi di me, divenni presto la loro mascotte. Nonostante il lavoro fosse duro, non mancavano momenti di divertimento. Fioccavano gli scherzi da caserma e le prese in giro da tutti e verso tutti. Imparai presto a imitare qualche pezzo grosso, guadagnai la simpatia dei colleghi e qualche bonario cazziatone dai diretti interessati.

Per il resto mi limitavo a fare quello che mi si chiedeva, senza mai cercare di imparare davvero il mestiere. Dentro le enormi carcasse d'acciaio mi sentivo come Pinocchio nella pancia della balena. Se fosse stato per il mio lavoro di elettricista, nessuna nave avrebbe mai lasciato il porto.

Con l'inizio della bella stagione le barche erano pronte per il varo. Mi fermavo spesso sul ponte a osservare il passaggio di gommoni, di yacht con a bordo ragazze da sogno e ragazzi abbronzati.

Non ero invidioso, fremevo, perché sapevo che un giorno avrei potuto essere come loro. Non sapevo come, non sapevo quando, ma sentivo che prima o poi anch'io sarei passato lì sotto.

L'ambizione è il miglior carburante per la determinazione e, nonostante la fatica e le levatacce, continuavo nella ricerca di quello che davvero volevo essere. Ogni occasione era buona per mettermi alla prova: nell'ora di pausa con i miei compagni di cantiere, ai microfoni di una radio, dietro la consolle di una discoteca, sul palcoscenico spoglio di una festa di piazza, ovunque avessi la possibilità di esibirmi.

Mio fratello mi osservava scettico, senza mostrare alcun interesse per le mie ambizioni. Per chi non si pone un obiettivo, non si pone il problema. Sicuramente pensava che non sarei arrivato da nessuna parte ed era in buona compagnia, perché allora pochi avrebbero scommesso sulle mie possibilità. Tra questi pochi c'era la Ma'. Ha sempre avuto il sottile presentimento che sarei diventato qualcosa di diverso da un elettricista navale. Non lo diceva apertamente, percepivo il suo silenzioso incoraggiamento.

Quando feci i primi spettacoli come imitatore nel giardino delle ville dei "signori", lei mi cucì i costumi senza battere ciglio. Qualche volta mi ha anche accompagnato. Si metteva da una parte, confusa tra il via vai dei camerieri in uniforme che passavano senza degnarla di uno sguardo, con un vestitino a fiori fuori moda che la faceva sembrare una Cenerentola, sperduta e orgogliosa di quel nipote che faceva ridere tutti.

Non si chiedeva dove volessi arrivare, le bastava il piacere di vedermi andare.

Anche per Franco avrebbe voluto una vita diversa e faceva quello che poteva. Non mancava mai di fargli trovare la biancheria pulita, un pasto caldo, il letto rifatto.

Le sue attenzioni verso mio fratello erano vissute dal Ba' come un tradimento della strategia educativa fondata sull'isolamento. Il suo motto era: chi non lavora non mangia. E lei, per non gettare benzina sul fuoco, agiva di nascosto, come le eroine della Resistenza che col favore delle tenebre aiutavano e sostenevano i partigiani in battaglia, eludendo la sorveglianza del nemico. Lo faceva per espiare le colpe di una figlia disgraziata e per la tenerezza che provava per quel nipote fragile che non riusciva proprio a mettere in moto la sua vita e girava a vuoto, come le catene delle biciclette quando escono dalle corone.

Anche i miei zii cercavano di dargli una mano. Zio Duilio, che era falegname e si era faticosamente messo in proprio aprendo una bottega artigianale, gli offrì la possibilità di lavorare, ma Franco proprio non ci riusciva. Si faceva vedere qualche giorno e poi spariva, per ripresentarsi malmesso chiedendo i soldi che non aveva mai guadagnato. Quando mio zio rifiutava di darglieli, sparivano attrezzi, martelli, seghe, pennelli e qualche spicciolo. Se i trucioli avessero avuto un valore, sarebbero spariti anche quelli.

Tendevi una mano a Franchino e lui ti rubava l'anello. Nonostante tutto, chiunque lo conoscesse provava un'istintiva simpatia. Non c'era cattiveria in lui. C'era rancore, rabbia, ma non cattiveria.

Tuttora stento a ricordare qualcuno che giudicasse mio fratello un poco di buono da cui stare alla larga. Questa benevolenza gratuita non lo aiutò, qualche calcio in culo non gli avrebbe fatto male, ma anche in questo non ebbe fortuna.

Non seppe mai cosa fosse la fortuna e quando un giorno se la trovò davanti, non la riconobbe.

Arrivò dalle Marche, inaspettata.

Nei pressi di casa nostra si trasferì una coppia di imprenditori di Ancona. Erano due persone di mezza età, gentili e di buon cuore, senza figli. Avevano aperto un laboratorio artigianale a Montignoso per la produzione di tomaie da destinare alle grandi aziende calzaturiere delle Marche. Si presero a cuore Franco, che sapevano vivere in condizioni disagiate. Lo invitarono prima a cena o a pranzo, poi qualche volta a dormire. Si convinsero che avrebbe potuto colmare il vuoto che può provocare la mancanza di un figlio. Sapevano che era un ragazzo difficile, ma la voglia di cambiare la loro vita e la sua li spinse a prendersene cura e a volerlo adottare. Gli avrebbero dato il loro nome, un mestiere e un futuro, visto che un giorno avrebbe ereditato l'azienda.

L'intreccio di madri vere e putative, di padri inesistenti e acquisiti si sarebbe ulteriormente ingarbugliato, ma nella confusione quella soluzione poteva avere un senso. Non avevo messo in conto che mio fratello potesse diventare un giorno il mio agiato vicino di casa, eppure in quel momento era manna caduta dal cielo: ci sarebbe stata una distanza di sicurezza tra lui e mio nonno e finalmente avrebbe trovato l'accoglienza e il calore familiare che non aveva mai conosciuto e che non sperava più di trovare. Il finale perfetto di un'imperfetta sceneggiatura.

Naturalmente, niente andò come doveva. Mio fratello non abiurò, rimase fedele al caos che imperava nella sua vita. Fatto salvo un periodo in cui recitò la parte del figliol prodigo, continuò a farsi di pasticche, ubriacarsi, non presentarsi al lavoro. Era la sua "normalità". Il ruolo del bravo ragazzo educato e tirato a lucido che si era sforzato di interpretare era solo una parodia di sé stesso.

Nella sua testa l'adozione da parte della coppia marchigiana non era un'opportunità, ma l'evidenza di un secondo abbandono dopo quello di mia madre e quello dei miei nonni. Due volte rifiutato, troppo anche per lui.

La parabola si concluse un giorno d'estate: il figliol prodigo svuotò la cassaforte di contanti e gioielli e ottenne così la sua prima denuncia, proprio da chi aveva tentato di strapparlo alla sua sorte.

Nello stesso momento la Nazionale italiana vinceva i Mondiali per la terza volta. I caroselli per le strade, tra i vicoli, nelle calli, lo strombazzare eccitato dei clacson, il frastuono della gente in festa, quel "Campioni del mondo! Campioni del mondo! Campioni del mondo!" gridato ovunque ebbero l'effetto di un'indulgenza plenaria, una remissione di tutti i nostri peccati e coprirono sotto un cielo di bandiere tricolore la nostra ennesima sconfitta.

Brigitte Bardot

Tornammo a sopravvivere nella nostra condizione di confinanti: io in casa, al caldo delle mura domestiche, lui nella baracca fredda e umida.

Quell'alloggio gli costò la salute.

Non ero presente quando fu colpito da febbre alta e da una tosse che gli squarciava il petto. Non ricordo dove fossi nemmeno quando fu ricoverato d'urgenza al San Martino di Genova.

Ricordo solo che era autunno inoltrato e che con la Ma' vagavo nei corridoi dell'ospedale. Io reggevo una borsa di plastica con il necessario per il ricovero, lei avanzava a passi piccoli, stretta nel cappottino elegante che riservava alle occasioni importanti. Sembrava un uccellino che si portava dietro il suo nido.

Ricordo i suoi occhi sbalorditi di fronte ai paroloni del professore che ci spiegava che Franco era stato colpito da una grave pneumopatia: un polmone aveva smesso di funzionare e, per non compromettere anche l'altro, bisognava asportarlo.

Un brivido mi attraversò la schiena. Si poteva vivere senza un polmone? Ci dissero di sì, l'operazione sarebbe stata molto delicata ma era necessaria e urgente, un giorno in più in quelle condizioni sarebbe stato fatale.

L'intervento fu in effetti lungo e complicato, per fortuna andò bene ma richiese una lunga degenza.

Non potendoci permettere di dormire a Genova, facevamo la spola con la mia Uno diesel. Quando ero fuori per lavoro, la Ma' si faceva accompagnare dai miei zii.

Ci vollero mesi perché Franco stesse meglio e quasi senza accorgercene arrivò l'estate. Quando lo andavo a trovare, lo beccavo in corridoio a fare casino con gli infermieri, dei quali ormai sapeva vita, morte e miracoli: dai problemi familiari alle scappatelle sul lavoro durante il turno di notte.

I suoi racconti boccacceschi ci accompagnavano mentre raggiungevamo la macchinetta delle bevande calde. Nonostante lo dovessi sostenere perché le sue gambe erano malferme e il fiato sempre corto, era tornato il solito Franchino.

Naturalmente, anche lì trovò il modo di innamorarsi.

«È una ragazza di Savona» mi disse con un sorriso. «Molto bella, somiglia a Brigitte Bardot.»

Anche lei era ricoverata, guarda caso per problemi di dipendenza da droga e alcol. La incontrai una volta, stavano bene insieme, se non fosse stato per qualche vizio di troppo in comune.

Mi giurò che il periodo di astinenza obbligata lo aveva fatto riflettere, era deciso a cambiare vita insieme a lei. Restava da capire se lei fosse disposta a cambiare vita insieme a lui.

Quando fu dimesso, la raggiunse a Savona dove lo aspettava a braccia aperte. La distanza non mi permise di seguire le fasi della loro convivenza, ma non fu idilliaca visto che dopo pochi mesi Franco varcò nuovamente il cancello di casa.

Il Ba', a causa delle precarie condizioni di salute, permise che tornasse a occupare il suo posto in casa.

Nemmeno dopo aver visto la morte in faccia Franco si convinse a prendersi cura di sé e ad approfittare della spinta umanitaria del vecchio. Ricominciarono gli sballi, le sbornie, gli insulti, le imprecazioni, le ruberie, le minacce e finì di nuovo a vivere nella rimessa.

Tutto tornò alla normalità.

The Final Countdown

The Final Countdown, la hit degli Europe che spopolava ovunque, era diventata la sigla del mio primo programma radiofonico.

Non parlavo più di fronte allo specchio con la spazzola di mia nonna in mano, avevo un vero microfono, di quelli che portano la tua voce nelle case della gente. Ero aria. Uscivo dalle quattro mura dello studio ed entravo negli uffici, nei negozi, nelle officine, nei cantieri, nelle auto, sotto l'ombrellone. Ero dappertutto, al contrario di quando lavoravo in cantiere, costretto fra le lamiere in attesa di diventare una nave.

Parlavo e fingevo di rivolgermi a un regista che non c'era, facevo tutto da me: passavo pubblicità, mettevo musica, mandavo in onda telefonate che arrivavano per richiedere quella o questa canzone da dedicare. Insomma ero felice. Dopo averci girato intorno per tanto tempo, ero riuscito ad avere un paio d'ore in una piccola e seguitissima emittente, Radio Forte dei Marmi.

Poche ore strappate al riposo dopo il lavoro, nei fine settimana, durante le vacanze, qualche volta dandomi malato.

Da lì cominciarono a fioccare richieste di collaborazioni con emittenti sempre più grandi. Oltre alla voce, imparavano anche a conoscere dal vivo il ragazzo riccioluto che presentava, faceva imitazioni, intratteneva nelle piazze, nelle feste di quartiere, nelle discoteche, nei piccoli teatri, nelle sagre di paese, e in piccole televisioni private, fra pentole e materassi. Alle prime venti telefonate, un'imitazione.

Mi innamorai perdutamente di un applauso.

Mi godevo i primi frutti della celebrità e l'elettricista navale lentamente s'inabissava.

Per alimentare il successo, bisogna nutrirlo, assecondarlo, dedicargli tempo, energie e io non ne avevo abbastanza. Tornavo a casa a notte fonda e la mattina non riuscivo ad alzarmi. Fioccavano i certificati di malattia e quando mio zio riusciva a tirarmi fuori dal letto per portarmi in cantiere, mi trascinavo tutto il giorno addormentandomi ovunque, come uno zombie in tuta blu.

Era impossibile continuare in quel modo, dovevo fare una scelta, ma sarebbe stata una scelta dolorosa. Guadagnavo bene, da contratto non potevo essere licenziato e se anche fossi partito per il servizio di leva (cosa che non accadde perché mio nonno mi dichiarò capofamiglia) al termine avrei dovuto essere reintegrato. Avevo sempre dei soldi in tasca, un'auto usata, un motorino Ciao e la tranquillità dello stipendio a fine mese. Quando la Renault 4 mi aveva abbandonato in aperta campagna con il motore fuso, la busta paga mi aveva permesso di sostituirla subito con una nuova, fiammante Uno diesel grigio canna di fucile. Le serate e il programma in radio non mi avrebbero mai garantito la stessa stabilità.

In più c'era mio fratello con le sue continue richieste di soldi. Sapevo che se avessi smesso di darglieli se li sarebbe cercati da qualche altra parte.

Ero a un bivio. Finsi di pensarci bene, rifletterci a fondo, ma dentro di me sapevo già da tempo qual era la mia strada.

Tutti pensavano che stessi per scavarmi la fossa. Anche se col senno di poi è stata una scelta coraggiosa, allora sembrava solo un azzardo pericoloso e folle. Ero determinato, avrei tentato il poker, e se la vita stava bluffando io sarei andato a vedere. All in.

Quando lo dissi in casa le reazioni furono diverse. Zio Antonio non si meravigliò e per qualche tempo tenne in ordine il mio armadietto in cantiere, convinto che da lì a poco avrei cambiato idea. Gli altri zii si infuriarono perché sarei tornato a gravare sulle spalle dei nonni per rincorrere le mie velleità artistiche, per vanagloria. La mia ambizione deluse tutti.

La Ma' aveva capito da tempo. Il Ba' mi inseguì con un'accetta.

Franco si limitò a farsi una risata sprezzante. Il bravo figliolo che portava lo stipendio a casa, l'esempio sputato in faccia ogni volta che lo si voleva umiliare, adesso era come lui: senza certezze e con un futuro tutt'altro che scontato. E aveva ragione, avevo barattato la mia solidità per diventare aria.

Avevo un obiettivo ma vivevo costantemente con la paura di non raggiungerlo, mentre lui sulla precarietà ci camminava con la maestria di un equilibrista. "Benvenuto nell'incertezza" sembrava dirmi. Ora, tra noi due, ero io a essere in una posizione di svantaggio.

Finiti i due soldi della liquidazione, la mia scelta mi presentò il conto. Nonostante mi dessi da fare, ero sempre senza una lira.

Avevo trovato un agente che mi fece sottoscrivere il primo contratto della mia vita e mi procurò delle serate estive in giro per l'Italia, aprivo i concerti di musicisti famosi e meno famosi. Per la maggior parte erano feste di piazza in onore del patrono, tra luminarie e porchette, in paesi sperduti dell'Aspromonte, tra i monti della Sicilia o nell'entroterra pugliese. Partivo da solo o con qualche strumentista per condividere il viaggio e le spese. Lasciavamo la Versilia all'alba, arrivavamo sul posto un'ora prima dello spettacolo, giusto in tempo per provare l'impianto e darsi una rinfrescata. Si ripartiva appena finito lo spettacolo, viaggiando di notte, per risparmiare i soldi dell'albergo. Spesso quando arrivavo a casa era già l'alba e crollavo sul letto distrutto.

Prima di addormentarmi, mi ritrovavo a piangere su un cuscino di ripensamenti. Non vedevo uno sbocco per tutto quel patire e quella fatica.

Più che la fama poté la fame. Ben presto tornai a grattare il fondo della botte di mio nonno, per il bollo, per la benzina, per le spese ordinarie.

«E daglieli che deve andare a lavorare!»

Con gli occhi azzurri come il mare che mi è rimasto dentro, la Ma' costringeva il Ba' a "prestarmi" dei soldi con la promessa che glieli avrei restituiti. Lui proprio non capiva come mai io andassi a lavorare ma i soldi doveva darmeli lui.

«Che cazzo di lavoro può mai essere! Io spendo e tu non guadagni!»

Quando si stancò di elargire denaro a fondo perduto, dovetti inventarmi i più subdoli stratagemmi. Una volta, dentro il fustino del detersivo per i panni, trovai il facsimile di un assegno precompilato da trecentomila lire. Era un assegno promozionale da riscuotere in premi nel caso si fosse partecipato a un concorso. Lo diedi al Ba' a garanzia dei contanti di cui avevo immediato bisogno, dicendogli che era il cachet di una serata. Lui non sapeva leggere e abboccò. Mi sono immaginato mille volte la faccia dei cassieri della banca quando la mattina seguente era andato a incassarlo. Penso stiano ancora ridendo.

Poi riuscii a restituirgli l'intera cifra, ma persi definitivamente la fiducia del mio mecenate.

Per fortuna il lavoro cominciava a ingranare, le difficoltà economiche non erano superate ma erano compensate dalle risate e dagli applausi della gente. Era il pubblico il mio anestetico, lo è sempre stato. Ancora oggi il mal di testa più feroce sparisce appena si accendono le luci di scena.

Una volta sceso dal palco, però, i problemi mi assalivano con maggiore angoscia. Vivevo con la testa tra le nuvole e il culo per terra.

La frustrazione più grande era non essere d'aiuto a nessuno, neanche a me stesso. Vedevo i nonni invecchiare senza potergli dimostrare che tutti i loro sacrifici non erano stati vani, che avrebbero potuto camminare a testa alta perché il loro nipote ce l'aveva fatta.

Vedevo Franco sfuggirmi come sabbia tra le mani, abbandonarsi alla corrente che lo trascinava via, lontano da me, da tutti, da sé stesso, senza che io avessi un appiglio per portarlo in salvo. Il suo sguardo era liquido, assente, gli occhi due pozzi neri di cui non si vedeva il fondo.

Eravamo come i panni nei vicoli di Napoli, stesi ad asciugare a un sole che non c'è.

Poi un giorno, senza nessun preavviso, con la dignità e la semplicità che l'avevano accompagnata fin lì, mia nonna se ne andò.

La donnina con le guance rubizze per il freddo invernale, perché i panni si lavavano sempre a mano e la lavatrice si usava solo per nasconderci dentro noci, pistacchi, arachidi, caramelle; la madre coraggiosa che ci aveva permesso di non essere figli di nessuno; che non ci aveva mai negato una festa di compleanno; che aveva sopportato, pazientato, scaldato il pane la mattina e i nostri cuori con una carezza; che arrossiva se le facevi un complimento; che ricuciva i nostri strappi e i miei costumi; che dichiarava fiera: «Quello è mio nipote» ogni volta che ne aveva l'occasione; mia Madre, nostra Madre, si concesse l'unica debolezza di farsi portare via da un ictus, lasciandoci tutti con un vuoto spaventoso e il profumo dei suoi foulard che sapevano di chiesa.

Mentre le tenevo la mano all'ospedale di Pisa, mi guardava smarrita, mortificata di non saper riconoscere neanche il suo nipote adorato. Ebbe un lampo di lucidità quando le chiesi di cantare insieme la sua canzone preferita: «Affittiamoci un canotto e prendiamo il largo verso il mare blu, oh oh oh cara, remo un po' io remi un po' tu».

Mentre l'accompagnavamo al cimitero, pensai che con lei se ne stava andando anche la nostra gioventù.

Adesso eravamo soli, Franco e io, e avremmo dovuto diventare grandi.

Il ritorno

All'inizio erano solo voci alle quali mi imponevo di non credere.

Credevo che un paio di scatole al giorno di pasticche, prese come fossero Ziguli, gli bastassero per sballarsi.

Invece per la stessa smania che spinge uno scalatore a cercare una montagna sempre più alta, chi scende nelle profondità vorrà calarsi sempre più in basso. E Franco cominciò a farsi di eroina.

In quegli anni era esplosa, come una guerra, portando morte e distruzione nelle famiglie. Nessuno sapeva cosa fare, come comportarsi. I genitori, distrutti, confusi, impotenti di fronte alla forza di quella polverina democratica che si stava portando via i loro figli – poveri o ricchi che fossero – si attribuivano colpe che non avevano: aver dato loro troppo o troppo poco.

Chi ha avuto un familiare, un amico, un fidanzato con questa dipendenza sa cosa significhi l'impotenza. È un'ombra che ti impedisce di godere della vita; una zavorra costante che ti piega le spalle e ti toglie il sorriso.

La vera alleata dell'eroina è la noia. Nelle periferie o nei piccoli paesi come il nostro, è facile incontrarla durante i lunghi inverni in cui non accade mai nulla, in cui è sempre tutto uguale, ogni santo giorno. Si comincia per fare una cosa diversa, per una scarica di adrenalina che possa scuotere dal torpore delle solite cose.

Spesso si comincia perché lo fanno tutti, per provare, come con la prima sigaretta. Può essere un rito iniziatico all'età adulta, una dimostrazione di coraggio, il gusto del proibito. In un primo momento è eccitante, come far parte di una società segreta, clandestina.

Poi ci si accorgerà di essere solo un cane sciolto che si aggira rabbioso a elemosinare qualche spicciolo per rosicchiare un po' di pace, un'anima persa come tante, ognuna con la sua storia e con lo stesso copione scritto sulle braccia.

Lei comincerà a mancare, sempre di più. Sarà nei piccoli forellini da nascondere agli occhi degli altri, una vergogna incancellabile e necessaria come respirare. Lei sarà il primo pensiero ad alzarsi insieme alla brina.

Tutto questo ancora non lo sapevo e mi apprestavo a convincere il Ba' a riprendere in casa Franco. Da quando era venuta a mancare l'esile membrana protettiva di mia nonna, ci sentivamo tutti più soli e pensai fosse arrivato il momento di provare a esserlo un po' meno.

Una persona in più poteva essere utile a sbrigare le faccende di casa, a tenere in ordine il giardino, a fare la spesa. Le piccole, necessarie incombenze di cui non ti rendi conto quando c'è qualcuno a occuparsene, come cucinare per esempio. Ci mancava la cucina della Ma'. Ogni tanto un parente si presentava con una teglia di lasagne o un arrosto o una torta, ma la normalità erano scatolette, formaggi, pomodori dell'orto, tutto quello che non aveva bisogno di passare per i fornelli, a parte la domenica, il giorno in cui mio nonno azzardava il nostro piatto preferito: penne panna e prosciutto. Lo aveva visto fare talmente tante volte da mia nonna che si convinse di saperlo fare anche lui. Ovviamente i tre ingredienti viaggiavano separatamente, senza mai riuscire a legarsi insieme, una specie di piatto destrutturato che fingevo di apprezzare. Ben presto però il nonno si stancò di cucinare anche la domenica e ripiegammo su un più semplice pollo arrosto comprato al mercato.

In quegli anni, per fortuna, il migliore amico del Ba' era un cuoco. Lo chiamavamo "il Cochino", perché piccolo di statura e magro come un chiodo. Aveva un grosso naso sempre rubizzo, sotto il quale spuntavano dei baffetti ben curati, candidi come i suoi capelli, e l'incedere claudicante per via di una gamba più corta dell'altra. Non era mai stato così prezioso per noi come in quel periodo. Lui e il Ba' presero a frequentarsi assiduamente, divennero compagni di merende, di bevute e di partite a briscola. Quando li vedevi insieme, mio nonno con la sua bella panza e il Cochino con il suo fisico da fantino disarcionato, sembravano Stanlio e Ollio.

Il Ba' lo invitava spesso a pranzo, ed era una festa. Da buon ligure ci preparava delle deliziose trofie al pesto. Stanlio cucinava, io e Ollio apprezzavamo.

Pensai che la presenza del Cochino avesse ammorbidito il nonno e fosse arrivato il momento di provare a far tornare in casa Franco.

Organizzai l'incontro in modo meticoloso: aspettai un momento di lucidità di mio fratello, lo feci sbarbare e pettinare come se fosse al suo primo appuntamento, gli feci comprare un po' di spesa – naturalmente mettendo sul conto del nonno – e ci presentammo a casa insieme all'ora di cena.

Quando entrammo il Ba' era seduto davanti alla stufa a carbone. Era cambiato da che la Ma' se n'era andata, era invecchiato di colpo, si era intristito, aveva preso a bere qualche bicchiere di troppo e quando la sera rientrava spiluccava qualcosa a tavola, poi se ne andava subito a letto.

Eppure non aveva perso il suo spirito combattivo. Appena si accorse che ero con Franchino, il suo sguardo malinconico mutò di colpo, gli occhi si dilatarono e puntarono l'attizzatoio in ferro battuto vicino alla stufa. Lo anticipai parandomi di fronte a lui con una determinazione che non immaginavo di avere.

«Facciamola finita con questa storia» dissi alzando la voce. Lui non sembrò calmarsi, teneva gli occhi puntati su Franco che aveva cautamente abbassato i suoi: fingeva una remissione che immaginava utile per un letto pulito e un tetto sulla testa.

«Io a chist' in casa non ce lo voglio» disse con rabbia.

«Ba', ti prometto che troverà un lavoro» azzardai.

«Come il tuo? Simm' arruinat'» sentenziò nel napoletano che non aveva mai abbandonato e brandì l'attizzatoio come una spada. «È 'nu disgraziate!» urlò guardando Franchino con occhi fiammeggianti.

«Allora me ne vado anch'io, voglio vedere che cazzo fai da solo.»

«Non me ne fotte proprio, vattinne pure tu!»

Era livido di rabbia per l'imboscata che gli avevo teso. Gettò a terra l'attizzatoio, prese la giacca in velluto pesante che sapeva di osteria e uscì lasciando la porta aperta. Una ventata di aria gelida entrò a raffreddare la casa, mentre il vaffanculo urlato da Franco cercò di seguirlo fuori.

«Sei scemo? Sta' zitto almeno!» dissi, sperando che non fosse arrivato alle orecchie del nonno.

«Se non mi vuole fra le palle non mi metto certo a pregarlo» rispose amareggiato. Sentii tutta la sua frustrazione per la sconfitta e allo stesso tempo la caparbietà di chi non vuole sottomettersi.

Lui e il Ba' erano due fili scoperti che ogni volta provocavano un corto circuito, ma io ero pur sempre stato un elettricista e sapevo come sistemare il guasto, o almeno così credevo.

Franco tornò a dormire nel suo alloggio di fortuna e il nonno tornò a casa anestetizzato da qualche bicchiere di vinello sincero.

Decisi che per fargli cambiare idea avrei avuto bisogno di un aiuto.

Il pomeriggio seguente, approfittando della sua assenza, scardinai il lucchetto del telefono, che stava lì per impedirmi di abusarne e per ricordarmi la "parsimonia" del Ba', e chiamai i miei zii. Chiesi a tutti di tentare di convincere il loro vecchio a cercare una soluzione, facendomi garante delle buone intenzioni di mio fratello e siccome anche la mia credibilità era scarsa, dovetti farmi garante anche di me stesso. Sapevo che avrei continuato a seguire la mia strada e probabilmente Franchino la sua, ma valeva la pena fare un altro tentativo per una vita, non dico migliore, almeno serena.

A chiunque oggi mi chieda cosa sia necessario per ottenere quello che ho ottenuto e per mantenerlo, rispondo: la serenità, che non è da confondere con la felicità. La felicità è così difficile da afferrare che spesso la si perde proprio quando la si ha tra le mani, per paura, per eccesso di desiderio.

La serenità invece ti permette di dare a tutte le cose la giusta priorità, senza ansie né tormenti. È la pace che si fa con sé stessi e con il mondo.

Far inghiottire il boccone amaro del rientro in casa di Franco fu difficile e lungo, alla fine il Ba' cedette. Non lo accolse a braccia aperte ma non gli impedì di riprendere possesso del suo letto e del suo posto a tavola. L'atmosfera era tesa come una corda di violino. Entrambi cercavano di evitarsi e quando s'incrociavano si guardavano di sottecchi senza dire nulla. Le rare volte in cui mangiavamo insieme, nessuno parlava. Masticavamo pane e rabbia.

Col tempo le cose non migliorarono, seguì una specie di tregua, di stagnazione. Nonostante il tetto in comune, ognuno si faceva gli affari suoi. Tre vite sospese nel nulla, come quei pezzi espulsi dalle navicelle e lasciati a vagare nello spazio.

Il Ba' si trascinava da casa al bar trascurando persino l'orto che era sempre stata la sua passione da quando era in pensione. Stessa sorte toccò alla voliera con gli uccellini. Non so se vennero liberati o regalati, una sera tornai a casa e la voliera non c'era più.

Poi, tra lui e Franco, fu aperta ostilità. Nessuno dei due faceva un passo verso l'altro e bastava un niente per far scaturire una discussione accesa, un litigio. Più di una volta ho tolto il coltello da cucina dalle mani del Ba' o una pietra dalle mani di mio fratello. Sedevamo su una polveriera che poteva esplodere da un momento all'altro.

Il nonno aveva le sue ragioni, Franco non faceva nulla per trovarsi un'occupazione, anche temporanea, tanto per mostrare buona volontà. La volontà ormai non gli apparteneva più. Ora che vivevo di nuovo con lui, persi il conforto del sospetto circa la sua dipendenza, le sue dipendenze. Alcol, psicofarmaci ed eroina cominciarono a mischiarsi come nel gioco delle tre carte. Non c'era giorno che non tornasse a casa fatto di qualcosa. Il problema non era quando era fuori di sé, al contrario, quando era in sé. Nel momento in cui finivano gli effetti e andava "in calo", diventava pericoloso come una belva ferita. In preda ai deliri dell'astinenza, ci aggrediva sostenendo che gli stavamo nascondendo le pasticche e che voleva soldi per andare a ricomprarle. Erano aggressioni verbali che diventavano fisiche se mio nonno minacciava di denunciarlo. Riuscivo a stento a trattenerli quando si scagliavano l'uno contro l'altro, con il solito coltello da cucina che spuntava dalle mani di mio nonno come un coniglio dal cilindro di un mago.

Eravamo a un punto di non ritorno.

Una notte rientrai stanco morto da una serata chissà dove e trovai mio fratello con il braccio intorno al collo del Ba' nel tentativo di strozzarlo. Se fossi arrivato due minuti dopo ci sarebbe riuscito. Grida e bestemmie si confusero con l'abbaiare di cani, dalle finestre spuntavano in controluce le sagome dei vicini impauriti.

Non potevamo andare avanti così.

Dalle minacce eravamo passati ai fatti, in un crescendo ormai inarrestabile. Difficilmente uno dei due sarebbe arretrato e questo mi terrorizzava.

In quel periodo avevo un bel giro di serate e le mie due ore fisse di programma in radio. Anche se il successo non andava di pari passo con i guadagni, non potevo più permettermi di andare a lavorare col pensiero di quello che sarebbe potuto succedere in mia assenza. Non riuscivo a concentrarmi, a crescere, a studiare, a tenere la testa sgombra.

Presi ad arrivare in ritardo in radio, o a non andarci affatto. Anche la qualità dei miei spettacoli cominciò a risentirne.

Si dice che ogni comico nella vita è una persona triste ma non è vero, siamo solo meno cretini di quello che mostriamo in scena. Anzi, è sulle disgrazie che spesso si basa la comicità, come quando istintivamente si ride nel vedere qualcuno che scivola su una buccia di banana.

Avevo perso serenità.

È difficile far ridere se hai la tragedia dentro.

Capii che era necessario trovare una cura e per farlo dovevo andare alla radice: ricominciare da Franco. Altrimenti, non sarei riuscito ad aiutare nessuno, nemmeno me stesso.

Decisi di stargli vicino come non lo ero mai stato, per aiutarlo a uscire dalla sua dipendenza. Pensavo che per farlo avrei dovuto frequentarlo di più, condividere le sue amicizie, dargli delle motivazioni, scuoterlo, anche fargli pesare il mio controllo, un controllo che avrebbe sicuramente subito ma che gli avrebbe fatto capire che io c'ero. Per qualsiasi cosa, in ogni momento.

Sarei entrato nelle sue sabbie mobili. O ne uscivamo insieme o mi avrebbe portato a fondo con lui.

Io sono mio fratello

Con il mio gruppo di amici Franco non voleva uscire e allora presi a frequentare i suoi. Alcuni di loro erano musicisti talentuosi con i quali avevo condiviso più volte il palcoscenico, altri ne ho conosciuti durante qualche cena. Rimasi colpito dal fatto che non fossero come mi ero immaginato, non si incontravano protetti dall'oscurità sulle panchine scarabocchiate di qualche giardinetto, o in una piazzetta imboscata. Stavano insieme a casa di uno o dell'altro davanti a una bistecca buttata sulla griglia, con un buon bicchiere di rosso o una birra. Si suonava, si ascoltava musica, si scrivevano canzoni; si parlava di blues, di rock and roll, di accordi, di vita, non si progettavano rapine, scippi o spacci di sostanze.

L'unica concessione erano le canne perennemente accese, giravano in continuazione e anch'io ne approfittavo volentieri. Mi "accordavo" alla situazione, mi lasciavo trasportare da un'atmosfera in cui tutti erano amici, simpatici, altruisti, divertenti. Per il resto, avevano il pudore di aspettare che me ne andassi. Potevo solo immaginare quello che sarebbe successo lontano dal mio sguardo, sarebbero saltati fuori siringhe e lacci emostatici a cancellare tutto quello che di normale c'era stato fino ad allora. Un buco e la testa sarebbe partita per il suo giro di blues.

Nonostante tutto, non riuscivo a vedere nessuno di loro

come un tossico. Anzi, pensai fosse una fortuna che Franco frequentasse quella compagnia piuttosto che ambienti molto più pericolosi. Non erano delinquenti, avevano un lavoro, in qualche caso precario, il loro vizio se lo guadagnavano, non lo rubavano a nessuno, tranne mio fratello, che trovava sempre delle scorciatoie per ottenere la sua dose quotidiana.

Confortato dall'ambiente "sano" che lo circondava cominciai ad avere l'illusoria impressione che tentare di farlo smettere non sarebbe stato così difficile.

Non essendo dei disperati cronici, avrei potuto contare sulla complicità dei suoi amici. Gli erano sinceramente affezionati, lo consideravano come una mascotte. Anche lui li adorava e non c'era giorno che non passasse insieme a loro. Ero tranquillo perché sapevo che almeno non era in giro a fare danni.

La mia intrusione nella sua vita sociale non lo disturbò, al contrario, ne fu contento, anche se non lo disse mai. Forse pensava che se fossi diventato come lui, tutto sarebbe stato più semplice. Avrebbe potuto dire: "Visto? Il mio fratellino, il bravo ragazzo che tutti stimate? Adesso siamo uguali".

Il lavoro non progrediva, guadagnavo solo complimenti. La situazione economica era disperata, non sapevo per quanti mesi mi sarei ancora potuto permettere l'auto, ero già in arretrato con le rate. Non avevo mai soldi in tasca. Quando gli altri, dopo la discoteca o il cinema, andavano al pub a mangiare qualcosa, io tornavo a casa con una scusa, sperando di trovare qualche avanzo in un frigorifero sempre più deserto.

Mi sentivo un intruso nel giro delle mie amicizie e mi stavo avvicinando pericolosamente a quelle di Franco.

I miei zii avevano perso qualsiasi fiducia nella possibilità di poter garantire stabilità a una famiglia che si stava sgretolando sotto i loro occhi.

Il Ba' rincasava tardi, ubriaco; la casa era sempre più sporca, invasa da panni da lavare; a parte la sala dove c'era la stufa, le pareti erano divorate dall'umidità, perché a un certo punto si decise di non accendere i riscaldamenti per risparmiare. Si sentiva la mancanza di una donna, e di un po' di calore.

Cominciai a stare bene solo con una canna in bocca e un bicchiere di vino in mano.

Franco se ne accorse. Giocava con la mia fragilità aspettando solo il momento che il mio tracollo alleviasse la sua alienazione. Nel tentativo di salvarlo, stavo diventando lui.

Una sera mi proposero di sniffare un po' di eroina. Così, tanto per provare. L'avrei fatto, anche solo per dimostrare a mio fratello che avrei avuto la lucidità di non diventarne schiavo, per dimostrargli che dipendeva tutto solo dalla forza di volontà.

L'avrei fatto anche per mettermi alla prova, per capire fino a che punto mi sarei potuto spingere, per capire se davvero ero così diverso da loro.

L'avrei fatto perché ero curioso di conoscere gli effetti di quella polverina grigiastra che aveva il potere di tenere per le palle il mondo.

L'avrei fatto se non ci fosse stato un piccolo, fortuito dettaglio a salvarmi: non si trattava di polvere, ma di un cristallo da sciogliere su un cucchiaio scaldato alla fiamma di una candela. Quel rito mi inorridì, mi spaventò. Era il punto di non ritorno.

Trovai una scusa e me ne andai, anzi scappai, inseguito dagli sfottò di mio fratello.

Anche oggi, ripensandoci, ringrazio Dio per avermi salvato mentre ero sull'orlo del precipizio. Se fosse stata polvere l'avrei fatto.

Giorno dopo giorno mi allontanai da quel giro, mantenendo comunque buoni rapporti, dal momento che non riuscivo a smettere di vederli come dei bravi ragazzi.

Cercai di riprendere in mano la mia vita, mi impegnai ancora di più nell'unica cosa che dava una ragione a tutto quel penare: la mia arte. Allora non potevo sapere che sarebbe stata l'unica scelta giusta della mia vita, l'unica che poteva darmi la possibilità di cambiarla.

Furono giorni difficili, passati davanti a uno specchio a provare e riprovare personaggi, imitazioni nuove che poi sperimentavo in radio.

Scavavo dentro di me una nicchia dove rifugiarmi, nascondermi da tutto quello che mi circondava. Se mi fossi realizzato veramente come artista avrei potuto essere d'aiuto. E lo potevo fare solo cercando di concentrarmi il più possibile su me stesso.

La cosa funzionò, perché nello spazio di un anno migliorai molto e riuscii ad attirare l'attenzione di molti addetti ai lavori. Le serate aumentavano. Durante uno spettacolo in uno dei locali più famosi e prestigiosi della Versilia, incontrai Fernando Capecchi. Fernando è un talent scout formidabile che all'epoca aveva già lanciato molti personaggi a livello nazionale. Fu colpito dal mio talento e, pur di avermi nella sua scuderia, trovò il modo di sciogliere il mio precedente contratto. Quella firma fece fare alla mia carriera il salto di qualità di cui avevo tanto bisogno. Nando è stato il padre che non ho mai avuto, tanto che ancora oggi ci lega un rapporto speciale, nonostante non sia più il mio agente.

Eppure i problemi rimanevano ed erano una zavorra che non mi permetteva di prendere il volo.

Non ero quasi mai a casa, temevo per il Ba', temevo per Franco che non mi risparmiava mai l'imbarazzo di venire a chiedermi i soldi in radio, o nelle serate in cui mi esibivo, completamente fatto. Andavo a lavorare col terrore di vedermelo arrivare in chissà quali condizioni o che fosse a casa a prendere per il collo mio nonno, per qualche spicciolo.

Ogni volta era una ferita alla mia credibilità e un colpo alla mia stabilità.

Sentivo la sua voce sussurrarmi all'orecchio: "Non dimenticarti di me, caro fratello. Ricordati che sono stato abbandonato da tutti. Ricordati che ho passato anni in collegio e questo mi ha spinto a fare uso di eroina. Per tutte queste ragioni ti devi prendere cura di me, pensare al mio mantenimento, compresi i miei vizi. Ti voglio bene, ma se dimentichi che io esisto, a casa c'è un vecchio che potrebbe pagare per le tue distrazioni".

Il mio debito non si esauriva mai e mi sentivo sotto un continuo ricatto. Era così che percepivo il nostro rapporto in quegli anni. Nella mia testa, Franco si era liberato di tutto il buono che gli era rimasto addosso, come il serpente si libera della pelle ormai superflua.

Poi un'intuizione mi folgorò. C'era un modo di averlo sempre sott'occhio e di tenerlo lontano dalle tentazioni e da mio nonno, dandogli allo stesso tempo l'occasione di sentirsi utile e imparare qualcosa: chiedergli di venire a lavorare con me.

Non potevo permettermi di pagargli uno stipendio, ma avrei rinunciato a una parte del mio piccolo cachet. Ci avrei guadagnato in serenità. Mi sembrò un'idea geniale.

Franco accettò di buon grado, più incuriosito che grato, e diventò così il mio assistente.

Oltre a metterlo davanti alla responsabilità di quello che stava per fare e ricordargli che un artista si giudica anche da chi gli sta intorno, posi come condizione una lucidità assoluta. Sapevo che avrebbe avuto il pudore di non farsi, ma non ero al sicuro da alcol, canne e pasticche.

Quando mio nonno seppe dell'ingaggio, alzò gli occhi al cielo, non ho mai capito se per ringraziare il Signore o per maledirlo. Era un bel salto mortale.

Per il suo debutto, lo riempii di raccomandazioni come uno scolaretto al primo giorno di scuola.

Sbarbato e pettinato, con tanto di giacca e cravatta, sembrava davvero un'altra persona. Bello, addirittura affidabile, uno di quei ragazzi che ogni mamma avrebbe voluto per genero.

Incrociai le dita, presi la macchina e partimmo verso la destinazione.

Ricordo quella sera come fosse ieri.

Due cose doveva fare: mandare le basi su cui avrei fatto l'imitazione di alcuni cantanti e incassare i soldi. Punto.

Il locale era un tempio dello spettacolo, in Italia e nel

mondo. Tra gli altri, vi si erano esibiti Mina, Ella Fitzgerald, Domenico Modugno, Ray Charles, la lista era lunghissima. Ero teso ed emozionato, anche orgoglioso di calcare quel palcoscenico prestigioso. Entrai in camerino in punta di piedi, quasi a non voler disturbare le leggendarie presenze che mi avevano preceduto. La mia immagine riflessa nello specchio bastò per rendermi orgoglioso.

Mentre indossavo gli abiti di scena, Franco prese con sé le basi musicali e sparì. Cominciai a pregare.

Dietro le quinte, un attimo prima di entrare, mi guardai intorno per cercarlo, non lo vidi da nessuna parte.

L'orchestra si fermò e il cantante mi annunciò.

Un applauso incoraggiante accolse la mia entrata in scena. L'occhio di bue mi investì di luce accecandomi, vedevo solo le persone sedute in prima fila.

Prima di iniziare, riparando gli occhi con una mano, provai a vedere se Franco fosse al suo posto in cabina di regia. Non c'era.

Mi prese il panico ma simulai entusiasmo e sicurezza. Lo spettacolo prevedeva un piccolo monologo di apertura che feci con il cuore in gola.

Poi fu il momento delle imitazioni, dopo qualche personaggio avrei dovuto cantare e qui il mio novello assistente doveva fare la sua parte. Buttai di nuovo lo sguardo verso il suo posto, ancora vuoto.

Quando ormai stavo per gettarmi a terra piangendo e urlando: "Scusatemi ma ho un fratello cretino e non posso finire lo spettacolo", apparve con un cocktail in mano, calmo, guardandomi come se niente fosse. D'altra parte era un assistente, assisteva.

Con un sospiro di sollievo mi girai, indossai la parrucca per l'imitazione e partì la base. Della canzone sbagliata.

Allora cambiai parrucca e nello stesso momento anche lui, accortosi dell'errore, cambiò base e mise quella che doveva far partire prima. E così via, per almeno un altro paio di volte.

Il pubblico, inconsapevole, rideva. Con l'esperienza e la

prontezza di chi sa improvvisare riuscii a far credere che fosse una gag preparata, che ci fosse un bravo assistente che faceva finta di essere un assistente scemo.

Portai a casa in qualche modo la serata, ma tornai in camerino inferocito. Quando Franco mi raggiunse era evidentemente ubriaco. Non valse nemmeno la pena litigarci, anche perché fuori c'erano persone che volevano salutarmi e non mi andava di creare problemi.

Gli chiesi di aspettarmi in auto e lo raggiunsi lì, gli domandai se almeno avesse incassato i soldi. Cacciò faticosamente fuori dai pantaloni il portafoglio con le banconote. Mentre le stavamo contando mi sentii chiamare:

«Panariello, puoi venire un attimo qui?»

Era il barman, in piedi sulla porta del locale, accanto al buttafuori.

«Eccomi» dissi mentre gli andavo incontro, credendo volesse un autografo.

«Ci sarebbe da pagare il conto del bar.»

Lo guardai incredulo:

«Come il conto del bar? Non era pagato per noi artisti?»

«Per voi sì, ma il tu' fratello ha offerto da bere a un sacco di gente e poi se n'è andato senza saldare il conto.»

La cifra era di poco superiore al guadagno della serata. Consegnai la busta al barman e ci rimisi anche qualcosina di tasca mia.

Grazie all'immensa generosità di mio fratello, i miei soldi quella sera uscirono dalla porta di servizio e rientrarono da quella principale.

Disastro alla Casa del Popolo

«Hai controllato se c'è tutto?»

«Sì, sì» rispose strascicando le parole, prima di venire al lavoro aveva pensato di darsi un po' di carica con non so bene cosa.

Una delle sue mansioni di assistente era verificare che nella mia valigia ci fosse tutto il necessario per lo spettacolo. All'epoca il mio reparto costumi consisteva in qualche parrucca, qualche occhiale colorato e altri accessori comprati al mercatino, utili per caratterizzare le imitazioni. Erano tutta la mia scenografia. Li tenevo in una solida valigia di metallo e ne avevo una cura meticolosa: spazzolavo spesso le parrucche, pulivo i vetri degli occhiali, conservavo tutto come perle in uno scrigno.

La nostra destinazione era una Casa del Popolo dalle parti di Firenze con un'enorme sala dove si ballava il liscio. Il mio spettacolo era previsto dopo l'esibizione di una scuola di ballo latino-americano.

Pioveva ininterrottamente dalla mattina.

Appena arrivati, sotto il diluvio universale, Franco aprì il bagagliaio per prendere la valigia. Quando afferrò il manico, la valigia si aprì come un libro, lasciando rovinare tutto il contenuto dentro la più grossa pozzanghera che avessi mai visto nella mia vita. In un secondo ogni cosa diventò fango.

«Ops» fu il suo commento.

Alla partenza, nel controllare il contenuto, si era dimenticato di chiuderla.

Sperai che un tuono coprisse le mie imprecazioni che altrimenti sarebbero arrivate al locale, avrebbero superato la musica dell'orchestra e raggiunto il pubblico presente. Si profilava un'altra serata a perdere.

Raccogliemmo in qualche modo l'impiastro melmoso che ormai era diventato il mio materiale di scena e tutti sporchi e bagnati andammo nei camerini.

La gente non se ne accorse o si accontentò di farsi due risate dopo una pallosissima scorpacciata di balletti, per me fu un disastro. Mio fratello dimenticò subito l'incidente, tornò a casa completamente ubriaco e con il numero di telefono di qualche ballerina.

Non volevo darla vinta a quelli che pensavano avessi commesso un errore madornale a portare con me Franco, tenni duro, minacciandolo ogni volta di lasciarlo a casa.

In cuor mio ormai sapevo che non sarei riuscito a metterlo in salvo e solo all'idea mi prendeva lo sconforto. Mi preoccupava anche che il comportamento di Franco potesse diventare un deterrente per gli organizzatori delle serate. Per ora stavo sfruttando il mio bonus di popolarità e simpatia, ma l'ambiente dello spettacolo è un microcosmo dove le notizie corrono in fretta e si sa subito tutto di tutti. Si cominciava già a parlare di mio fratello, e non bene.

Anche l'impresario mi convocò per chiedere spiegazioni sulla mia ostinazione a volerlo tenere con me. In agenzia tutti mi volevano bene, erano miei fan e ovviamente conoscevano la nostra storia. Furono molto comprensivi e di questo sarò sempre grato.

Ma la mia sopportazione stava raggiungendo il limite, ogni serata era un terno al lotto, in più la nuova situazione non aveva nessun effetto benefico su di lui, né sul rapporto tra noi due. Stare gomito a gomito tutto il giorno non gli impediva di continuare nella sua inarrestabile autodistruzione.

Farmi da assistente era per lui solo una pausa tra un buco e un altro, i pochi spiccioli che gli passavo finivano inevitabilmente nelle vene.

Don Chisciotte

Il Ba' si ammalò.

Complicazioni dovute alla sua malattia respiratoria lo costrinsero al ricovero in terapia intensiva. Dopo qualche settimana di saluti ad amici e parenti al di là di un vetro, capì che la vita gli stava presentando il conto e si lasciò scivolare tra le braccia della sua adorata Bona.

Con la scomparsa dell'ultima certezza della mia vita, barcollai.

Entrai in una crisi profonda, era come se mi avessero amputato un secondo arto, l'ultimo a cui potermi appoggiare.

Per Franco non fu un sollievo, nonostante tutto gli voleva bene. Lo aveva anche odiato, ma era un odio che veniva dalla sua incapacità di farsi amare, dalla sua impotenza nel cambiare il loro rapporto.

La mancanza di una figura come il Ba', che nonostante tutto si faceva sentire, mostrò tutta la nostra solitudine, come quando sposti un mobile e a terra ne rimane la sagoma in polvere.

Non lasciò niente di scritto riguardo alla casa, che di conseguenza passò ai miei zii. In memoria dell'affetto che i nonni avevano per noi, soprattutto per me, decisero di non sfrattarci e si offrirono anche di aiutarci per le utenze e la manutenzione. Furono però altrettanto chiari nel farci capire che non avrebbero potuto sobbarcarsi quei costi per troppo tempo, ci esortarono a trovarci entrambi un lavoro vero e a diventare autonomi. Ero sicuro che non avrebbero mai avuto il coraggio di lasciarci in mezzo a una strada, ma sapevo anche che non potevamo tirare troppo la corda.

Senza l'aiuto e le garanzie di mio nonno, in arretrato di mesi con i pagamenti delle rate, la prima cosa che dovetti sacrificare fu l'unica necessaria al mio lavoro: l'auto.

La mia vita diventò un calvario. In quel periodo lavoravo in una radio di Viareggio. Per spostarmi da Cinquale cominciai a usare i pullman. La fermata era a qualche chilometro da casa, dovevo farmeli a piedi o approfittare di passaggi di amici e conoscenti, quando riuscivo. Spesso facevo l'autostop.

Per le serate andavo in pellegrinaggio da mia zia Fortunata per farmi prestare l'auto. Ogni volta era un'umiliazione, l'evidenza del mio fallimento, ma non avevo scelta. Mi sentivo come i vecchietti costretti a chiedere aiuto semplicemente per attraversare la strada. Avevo il morale a terra e l'orgoglio ancora più in basso. Sapevo che raggiungere il successo sarebbe stato difficile, farlo a piedi ancora peggio. Ero Don Chisciotte senza nemmeno il suo Ronzinante.

La buona sorte mi spalancò le braccia sulla soglia dell'estate. L'impresario mi convocò per una tournée con Donatella, una cantante molto famosa all'epoca: dovevo intrattenere il pubblico prima del suo concerto. Erano parecchie date, soprattutto al Sud. Sudai freddo al pensiero di non poter accettare per via dell'auto.

L'agenzia era al corrente di tutto e, più che di me, si fidò del mio talento. Si offrì di comprarne una, me la sarei pagata scalando le rate dagli ingaggi delle serate. Scelsi una Fiat familiare, ottima per viaggi lunghi, spaziosa per le valigie e il materiale di scena e soprattutto economica.

Ora il lavoro c'era, la macchina pure, se avessi avuto anche un assistente lucido sarei stato l'uomo più felice del mondo.

Iniziai a viaggiare su e giù per l'Italia trascinandomi dietro Franco, che nelle lunghe distanze dava il peggio di sé. Non aveva la patente e toccava a me guidare per ore, in compagnia di un ubriaco, strafatto di pasticche per non sentire il calo da eroina. Dormiva sempre, sia all'andata sia al ritorno. Durante il viaggio parlavo da solo fumando una sigaretta dietro l'altra. Per non rischiare colpi di sonno, mi feci prescrivere dal medico dei farmaci per stare sveglio, simili a quelli che servivano per togliere l'appetito.

Quando arrivavo a destinazione, ero cotto ancora prima di salire sul palco. A metà tournée, tra l'ansia, i caffè, le sigarette e la mancanza di sonno avevo lo sguardo di un serial killer.

Una notte, siamo partiti da Reggio Calabria, dove la serata era andata particolarmente bene. Guidavo piano, soddisfatto di aver fatto ridere il pubblico, Franco dormiva sodo seduto sul sedile accanto al mio. Eravamo appena entrati in autostrada e lui si è svegliato di soprassalto, ha cominciato a frugare con foga nel cruscotto.

«Dove hai messo le pasticche?»

«Non ce l'ho le pasticche.»

«Me le hai prese te! Me le hai nascoste!»

Urlava come un pazzo, era fuori di sé. Urlai anch'io:

«Io non ce l'ho le tue pasticche! Te le sei ingoiate tutte!»

«Sei uno stronzo! Tirale fuori!»

La situazione stava degenerando, cercai di calmarlo:

«Ti ho detto che non ce l'ho, te le sei fi...»

La parola mi restò in bocca: Franco sferrò un calcio al parabrezza e lo incrinò. Una ragnatela si disegnò davanti ai miei occhi, annebbiandomi la vista. Accostai alla prima area di sosta e scesi dall'auto. Ero fuori di me, aveva rischiato di farci morire entrambi. Lo afferrai per il giubbotto e lo trascinai all'esterno. Misi in moto e ripartii.

Guidavo senza sapere dove fossi e dove stessi andando, tale era l'incazzatura. Mi tremavano le mani, il respiro affannato. L'avrei lasciato lì a cercare le sue cazzo di pasticche sul ciglio della strada, che tornasse a piedi quello stronzo, oppure che chiedesse un passaggio a un camion, anzi, magari ci finisse sotto.

Mi fermai al primo autogrill. Cominciai a passeggiare furiosamente avanti e indietro sulle aiuole bruciate dalla calura estiva, per smaltire tutta la rabbia che avevo in corpo.

Una volta tornato in me, mi prese il panico. Avevo lasciato mio fratello in piena notte da solo su un'autostrada, in quelle condizioni. Poteva davvero succedergli qualcosa.

Risalii in auto e raggiunsi a tutta velocità l'uscita più vicina, tornai indietro fino al casello dove eravamo entrati. Non ricordavo a che altezza lo avevo lasciato. Aguzzai la vista con il cuore in gola. Lo vidi in una piazzola di sosta, appoggiato al guard rail. Alla luce dei fari sgranò gli occhi impaurito e confuso, come una volpe investita da un fascio di luce mentre attraversa la strada.

Mi avvicinai:

«Sali.»

Barcollando obbedì. Per tutto il viaggio si chiuse in un silenzio glaciale e così feci io.

Il mio cervello macinava pensieri. Maturava dentro di me la certezza che sarebbe stata l'ultima tappa del nostro viaggio insieme e del mio tentativo di aiutarlo. Mi sforzai di trovare uno straccio di motivo per convincermi a provarci ancora, una ragione plausibile per cui valesse la pena rovinare la mia vita per salvare la sua.

Il Ba' non c'era più. Avevo tentato tutto il possibile.

Il ricatto aveva esaurito il suo potere su di me.

Franco era abbastanza grande da poter cominciare a camminare con le sue gambe e non importava che non fosse ancora maturo per farlo. Se voleva morire tenendo un laccio di gomma tra i denti, che lo facesse, non sarei stato lì a scavargli la fossa. Avevo una meta da raggiungere e questa volta non sarei tornato indietro a riprenderlo.

Era arrivato il momento di pensare a me.

Nei giorni successivi aspettai l'occasione giusta e ne parlai con lui. Non si incazzò, né vomitò minacce come mi ero immaginato. Forse aveva capito da solo che quello non era il suo mestiere e mi disse, con un rinnovato orgoglio, che si sarebbe trovato un lavoretto da qualche parte.

Lo sperai per lui. E per me.

La comune

Trovò davvero qualcosa da fare, occupazioni saltuarie. Aiutò un amico giardiniere, poi si mise in testa di scrivere testi per canzoni e le piante di cui si curava appassirono serenamente.

Non ricordo in che modo o grazie a chi, per qualche settimana fece anche il cameriere, ma la sua carriera finì con la Cinquecento rossa, guidata senza patente e schiantata dentro la siepe.

Alla fine "il demone", stanco di essere costretto a una vita più o meno normale, tornò a riprendere il sopravvento e lo fece senza remore, senza timori, senza più nascondersi, alla luce del giorno.

Visto che non c'ero mai, Franchino decise di trasformare la nostra casa in una comune. Ogni volta che tornavo, qualcuno bivaccava in salotto. Alzava per un attimo la testa, bofonchiava un saluto, poi ricadeva su sé stesso. Tutti con lo stesso sguardo assente, avvolti in una nuvola di fumo acre che ti sballava solo a respirarla. Gente mai vista, niente a che vedere con il gruppo di amici che avevo frequentato anch'io.

Dovunque bicchieri sporchi, piatti da lavare, mozziconi di sigaretta, canne, sul tavolo cartine e avanzi di cibo. E musica a tutto volume, hard rock o heavy metal, sia di giorno che di notte. Ogni tanto arrivava una pattuglia di carabinieri o una volante della polizia, chiamate dagli abitanti della zona che si erano ritrovati all'improvviso Charles Manson come vicino di casa.

Ero arrivato al punto di preferire una stanza in una pensione al rischio di trovarmi nel bel mezzo di una retata.

Ogni tanto Franco offriva un barbecue in giardino, per accenderlo usava le sedie della cucina al posto della meno nobile carbonella.

Pur di assicurarsi una dose, mio fratello lasciò che la nostra casa fosse messa a ferro e fuoco da un'orda di barbari.

Prima che anche l'ultimo mobile fosse bruciato, arrivarono i miei zii e ci chiesero la cortesia di trovarci un'altra sistemazione. Tra le lacrime, domandai ancora un po' di tempo. Mi risposero che il problema non era il tempo, era Franco.

Già.

Zio Duilio mi prese da parte:

«Siamo sulla bocca di tutti, così non possiamo andare avanti. È una vergogna. Ci dispiace di essere arrivati a questo, ma abbiamo deciso di vendere la casa. Non siete più dei bambini. Vi abbiamo lasciati fare. Se tu per un po' vuoi restare resta, ma Franco se ne deve andare.»

Quel giorno lo affrontai, faccia a faccia, nel tentativo di spiegargli come stavano le cose. Avrei potuto cacciarlo di nuovo, ma sapevo che avrei firmato la sua condanna. Feci un ultimo, disperato tentativo.

«Ti prego, Franco» dissi con la voce più calma e ferma che avevo. «Se non facciamo qualcosa ci buttano fuori e finiamo tutt'e due in mezzo a una strada. Però c'è ancora una piccola speranza.»

Lo guardai dritto in faccia:

«Smetti di farti.»

Mi ascoltava con le lacrime agli occhi, il demone gli aveva concesso una tregua, almeno in quel momento, e ne approfittai:

«Lascia perdere quella gente e aiutami a occuparmi della casa. Se gli zii vedono che ci diamo da fare abbiamo ancora una possibilità.»

Ero davvero convinto che con la nostra buona volontà li avremmo persuasi.

Poi gli parlai della nonna, delle nostre sfortune, di quante volte ci avevano umiliato, ferito e di come solo noi potevamo cambiare l'idea che si erano fatti gli altri. Gli dissi che ci saremmo tolti un sacco di soddisfazioni a vedere la faccia di chi ci dava per persi e si sarebbe dovuto ricredere. E quanto sarebbe stata orgogliosa di noi la Ma'. E quante risate ci saremmo fatti a ricordare quei tempi che ci sembravano così duri, così tragici. Perché lui ce la poteva fare, perché era forte, perché era mio fratello. Piangemmo uno sulla spalla dell'altro e fu una gioia, una liberazione.

Dopo, tutto sembrò andare meglio.

Vita nuova

Era primavera inoltrata, una primavera sfolgorante.

Albeggiava. Ero appena tornato a casa da una serata. Franco non c'era e pensai che anche lui avesse fatto serata. Mi buttai sul letto, crollai e quasi subito fui svegliato da uno strano rumore. Tesi le orecchie per cercare di capire, sembrava uno zappettare leggero. Mi affacciai alla finestra che dava sull'orto e lo vidi: era in stato confusionale, chinato con un arnese in mano, tutto intento a scavare un piccolo solco. Nello stordimento della stanchezza mista al sonno non riuscivo a capire cosa stesse facendo, non lo avrei capito neanche se fossi stato sveglio del tutto e pensai che neanche lui lo sapesse, invece mi sbagliavo. Continuai a guardarlo e mi resi conto che aveva un piano: aveva staccato un ramo dalla pianta di mimosa e ora lo stava piantando.

Dopo aver meticolosamente ricoperto di terra il solco intorno al ramo, riempì un secchio d'acqua con la canna e l'annaffiò.

Nella sua testa aveva appena dato vita a una nuova pianta.

Ero abituato alle stranezze di mio fratello, quella le batteva tutte.

«Che fai a quest'ora?»

«Fatti i cazzi tuoi» fu la perentoria risposta.

«Vieni in casa che sono cotto e ho bisogno di dormire.»

«Finisco qui e vengo» rispose senza degnarmi di uno

sguardo. Alzai gli occhi al cielo e mi ributtai a letto. Dopo cinque minuti al massimo, fui svegliato di nuovo da altri rumori, questa volta il frastuono di cose gettate a terra. Cercai di contare fino a dieci nel tentativo di riprendere sonno, un fracasso ancora più forte mi costrinse ad alzarmi per correre a vedere che cosa stesse succedendo. Lo trovai in bagno. In terra erano sparse dappertutto scatole di medicinali, lamette, schiuma da barba, e tutto quello che stava nei pensili sopra il lavandino. Feci appena in tempo a strappargli dalle mani una bottiglietta di profumo che stava per fare la stessa fine.

«Ma che cazzo stai facendo?» urlai.

«Sto cercando le pasticche! Dove le hai messe?» mi gridò in faccia con altrettanta foga.

«Ma quali pasticche! Che me ne frega di nascondere le tue cazzo di pasticche!»

Questa volta avevo finito la pazienza.

«Me le hai nascoste te!»

Il suo viso era una maschera di collera, gli occhi iniettati di sangue, dal collo gli usciva un grappolo di vene violacee. Quella persona non era mio fratello. Mi fece paura.

«Tira fuori le pasticche!» urlò di nuovo e alzò il pugno per colpirmi in faccia.

Abbassandomi lo schivai. Reagii d'istinto e lo spinsi via, cadde sopra un cumulo di panni da lavare in un angolo del bagno. Gli fui sopra e persi la ragione. La rabbia accumulata in tutti quegli anni mi annebbiò la vista. Lo colpii con un pugno, poi un altro e un altro ancora. Non riuscivo a fermarmi. Lo colpii per mio nonno, per tutte le volte che mi aveva preso in giro, per le umiliazioni subite, per la sua cazzo di droga e le sue maledette pasticche, per quanto era stato stronzo, per la stanchezza, per la vergogna, per la frustrazione. Lo lasciai a terra, svenuto. Era la prima volta che venivo alle mani con mio fratello, anche se ne avevo già avuta la tentazione. Avevo il fiato corto e tremavo.

D'un tratto non mi importò più, di lui, di quella casa, di nulla.

Andai in camera da letto, gettai in fretta dentro una borsa le poche cose che avevo nell'armadio: qualche ricordo, un paio di libri, il portafoglio con gli spicci e i documenti. Infilai tutto in macchina. Prima di partire, senza neanche preoccuparmi di vedere se si fosse ripreso, scrissi un biglietto e glielo lasciai sul letto: "Mi dispiace di non essere riuscito a dimostrarti che vivere come me fosse meglio".

Misi in moto e me ne andai.

Questa volta è finita per sempre, mi dissi.

La suite

Fermai la macchina su un piazzale davanti al mare, a Marina di Massa, a qualche chilometro da casa. Erano le prime ore del mattino, c'era poca gente in giro e mi godetti quella tranquillità. Ero felice. Di una felicità così forte, così intensa, che raramente avrei provato di nuovo nel corso della vita.

Avevo pochi soldi in tasca, giusto per fare il pieno alla macchina, non avevo più una casa. Dopo mi sarei preoccupato di ogni cosa, intanto mi godevo un senso di inebriante, totale libertà. Mi riscaldava, come il tiepido sole primaverile. Avevo tagliato il cordone ombelicale, ero un aquilone senza il filo, leggero come il primo uomo sulla Luna.

Avevo appena passato i trent'anni, da quel momento in poi avrei dovuto rendere conto solo a me stesso. Crollasse il mondo, ero libero di spostarmi come e dove volevo, senza angosce, senza paure.

Era sano, puro, meritato egoismo.

Restai per un'ora seduto in auto, con la luce rosa dell'alba a illuminarmi il viso, a bearmi di quella solitudine. Poi decisi che era arrivato il momento di organizzare la mia nuova vita.

Per prima cosa chiamai i miei zii per informarli di ciò che era successo, per me potevano vendere la casa quando volevano.

Poi mi ricordai di un camping lì vicino, dove ero stato a fare una serata con la radio l'estate prima. Pensai che fosse una perfetta soluzione temporanea, in attesa di trovare qualcosa di meglio e soprattutto la possibilità di potermela permettere.

I gestori del camping mi affittarono un bungalow e siccome avevano un buon ricordo del mio spettacolo non mi chiesero alcun acconto. Il prezzo di bassa stagione era abbordabile ma avrei dovuto liberare l'alloggio alla fine di maggio, perché per il mese di giugno avevano già altre prenotazioni.

Intanto per un paio di mesi avrei avuto un tetto sulla testa e questo mi bastava. Presi possesso della casetta in legno arredata con un letto, un fornello per cucinare e un bagno. Per me era meglio di una suite al Grand Hotel.

Fu un periodo duro. Avevo finito i soldi, gli amici più stretti mi portavano a turno buste con la spesa: pasta, pelati, sughi pronti, formaggio, vino, pane, il necessario per sopravvivere. Mi offrivano il cinema, la discoteca, facevano tutto il possibile per aiutarmi e darmi la sensazione che tutto fosse normale, senza mai farmi pesare i loro gesti. Non lo dimenticherò mai.

Nel tempo maturai un terrore fisico nei confronti di Franco. Frequentavo solo posti dove avevo la certezza di non incontrarlo ed evitavo come la peste quelli dove avrei potuto imbattermi in lui. Avevo paura che potesse rintracciarmi e che tutto potesse tornare come prima, peggio di prima. Non volevo più rivedere il suo sguardo, non volevo rivivere tutto quello che mi aveva fatto vivere.

Perciò decisi che non avrei avuto più niente a che fare con lui.

Smisi anche di andare in radio per il timore che potesse rintracciarmi lì. Avrei vissuto di elemosina se fosse stato necessario, pur di farlo lontano da lui.

Purtroppo questa era l'unica determinazione di cui ero capace, per il resto tutto mi stava franando addosso. Avevo resistito per così tanto tempo nello sforzo di tenere sui binari la mia vita e quella di mio fratello, che mi ero svuotato di ogni energia, di ogni entusiasmo, di una direzione.

Mi lasciai andare alla deriva e cominciai a fare una vita sregolata. La mattina faticavo ad alzarmi, non avevo più stimoli, non c'era niente che valesse la mia fatica. Mi trascinavo a dormire all'alba dopo serate fatte di bevute, di canne e di tutto quello che poteva farmi dimenticare quel niente che ero. Si affacciò anche la cocaina, fui bravo a non darle troppa confidenza.

Anch'io, come Franco, diventai inaffidabile.

Non avevo un recapito per essere contattato dall'agenzia, alla fine si stancarono di me e un giorno un collaboratore passò a riprendere l'auto. La stavano pagando loro, era giusto che fossero loro a usarla.

Arrivò la fine di maggio, ero già pronto a cercare un ponte sotto il quale rifugiarmi, quando la fortuna, la provvidenza, un angelo del Signore o lui in persona fecero in modo che la mia sorte sterzasse all'improvviso.

Qualcuno mi disse che il mio impresario mi stava cercando. Subito pensai volesse chiedermi le rate dell'auto, oppure ancora peggio: Franco lo aveva contattato per trovarmi.

Invece quando andai nel suo ufficio mi accolse con un sorriso e un lavoro: Donatella mi voleva di nuovo, questa volta per una trentina di serate in Sardegna. Sarei dovuto partire nel giro di una settimana. Era tutto così inaspettato e in perfetto tempismo che faticavo a credere non fosse uno scherzo.

Lasciai il poco che avevo a degli amici e con un biglietto pagato per la Sardegna presi il primo volo della mia vita. La notte precedente al battesimo dell'aria non riuscii a dormire, non mi capacitavo di come un bestione di svariate tonnellate potesse alzarsi da terra e soprattutto rimanere in aria.

La paura mi passò non appena attraversammo un tramonto rosso fuoco che accese di speranza il mio futuro.

Rimasi sull'isola fino alla fine di settembre. Conobbi gente straordinaria, buon cibo e un pubblico che sapeva divertirsi. Strinsi nuove amicizie e riuscii a comprarmi anche una macchina usata che mi abbandonò appena arrivato al porto di Civitavecchia. Ma ormai niente poteva fermarmi.

Raggiunsi Donatella, che mi aspettava in un paese appena fuori Roma.

Stetti con lei per qualche mese. Lavorava a Radio Rai e ogni tanto mi chiedeva di fare degli interventi telefonici con le mie imitazioni, qualche abbozzo di personaggio. Avevo ripreso fiato e speranza, e come per magia, dopo tanto penare, il mondo stava cominciando a sorridermi.

Per una straordinaria catena di eventi fortunati, appena tornato in Toscana ricevetti una telefonata da Carlo Conti, che avevo conosciuto un paio di anni prima durante una serata in Calabria.

Mi invitava a far parte del cast di un programma, insieme a Leonardo Pieraccioni, che si chiamava *Succo d'arancia* ed era trasmesso da una televisione fiorentina.

Era un ruolo secondario ma mi diede l'occasione di crescere artisticamente in un modo che non avrei mai immaginato. Fu una vera e propria scuola che mi preparò a quello che mi aspettava. L'anno successivo divenni uno dei protagonisti di *Vernice fresca*, dove misi da parte le imitazioni e diedi vita ai personaggi che tutt'ora mi accompagnano, che mi hanno regalato successi e notorietà.

In quel periodo è nato l'artista che sono oggi.

Il fantasma

Preso dalla mia ascesa, persi di vista Franco. Eppure il timore che potesse ricomparire, trascinando con sé tutte le vecchie preoccupazioni, non mi abbandonò mai. Ogni tanto mi arrivavano voci che era sempre il solito, aveva avuto qualche denuncia per spaccio. Per lui niente era cambiato, se non in peggio. Fui di nuovo disonesto con me stesso, finsi che la cosa non mi riguardasse più. Ma era una vecchia ferita che ogni tanto tornava a prudere.

Il successo di *Vernice fresca* era travolgente, cresceva di anno in anno. Mi permise di ricucire i rapporti con il mio agente e ricominciai a lavorare sul serio. Oltre alle piazze, ai campi sportivi, ai palasport dove mi esibivo insieme agli altri straordinari comici del cast, iniziai un mio personale percorso teatrale. Tutto ormai andava a gonfie vele, anche la mia vita privata.

Conobbi Elena, una ragazza di Sesto Fiorentino che spesso era tra il pubblico di *Vernice fresca*. Dopo qualche prendi e lascia, andai a vivere con lei in un appartamento a Paperino, un piccolo paese con una chiesa, un bar e qualche negozio, vicino al centro di Prato.

Elena seppe darmi la stabilità e la fiducia in me stesso di cui avevo bisogno per diventare, oltre che un artista, un uomo.

La misi al corrente della mia storia, e di quella di Franco. Da subito capì la situazione e la sofferenza che mi causava. Cercò sempre di tranquillizzarmi e di convincermi che tutto si sarebbe risolto e che sarebbe andato per il meglio. Ma non conosceva Franco.

Ogni sera prima di andare a letto, da dietro le tende della camera, senza farmi vedere, controllavo la strada e tutti gli angoli della piazzetta della chiesa, con l'angoscia di scorgere la sagoma di mio fratello rischiarata dalla luce arancione dei lampioni.

Quando ci trasferimmo in un fienile ristrutturato nel borgo di Gonfienti, sulle rive del Bisenzio, l'angoscia venne con me. Ero talmente condizionato dal fatto che prima o poi sarebbe ricomparso a scombinare l'equilibrio che avevo appena conquistato che una volta credetti di incontrarlo davvero. Era una sera d'inverno e stava piovendo a dirotto. Mentre percorrevo in auto il viale che mi portava a casa, vidi un uomo. Camminava lungo il ciglio della strada, fradicio, senza l'ombrello, riparato solo dal cappuccio di un giubbotto marrone.

Rallentai e ne cercai il volto con lo sguardo. Era lui, anche oggi potrei giurare su Dio che era lui. Il sangue mi si gelò nelle vene. Non mi fermai, quasi scappai. Rientrato a casa passai il resto della serata seduto sul divano, aspettando di sentire il suono del citofono da un momento all'altro. Non accadde.

Forse non trovò la mia casa. Forse non era lui.

Non lo seppi mai, né mi premurai di chiederglielo in seguito. Non ne parlai con nessuno, neanche con Elena, per il timore di essere preso per pazzo. L'episodio mi diede la misura di come Franco avesse il potere di evocare in me vecchi fantasmi, che mi avrebbero perseguitato a lungo.

Niente su mia madre

Alla fine arrivò. Dopo averla agognata, corteggiata, desiderata per lungo tempo, la Rai si fece conquistare.

Superai brillantemente un provino e fui scritturato per partecipare a una gara di imitatori che andava in onda in diretta su Rai Uno dalla mitica discoteca Bandiera Gialla di Rimini, gestita all'epoca da Bibi Ballandi. Bibi avrebbe seguito la maggior parte dei miei programmi televisivi e molte delle mie tournée teatrali. Aveva avuto la lungimirante intuizione di trasformare la discoteca in un set televisivo. Non immaginavo che l'immenso locale appoggiato sulle colline romagnole, qualche anno dopo, sarebbe stato fondamentale per la mia carriera.

Quando firmai il contratto ripensai alla Ma', a quanto sarebbe stata fiera. Stava accadendo davvero. Desiderai che potesse vedermi, perché ero sicuro che da lassù aveva fatto tutto il possibile per aiutarmi.

Quando ancora era viva, avevo fatto qualche rapida, fulminea incursione in programmi di Rai Uno o Canale 5. La prima volta era stata a Trento, in un festival per orchestre. Il mio agente, che non perdeva mai l'occasione per propormi, era riuscito a infilarmi per un paio di imitazioni, qualche minuto in tutto. Corsi da mia nonna e annunciai:

«Ma', m'hanno preso alla Rai!»

Era estasiata:

«Bravo il mio Giò! Se vai alla Rai, ho fatto un sugo tanto bono, gliene porti un pochino a Pippo Baudo?»

Per lei la Rai era una grande famiglia dove, quando arrivavi, Raffaella Carrà ti preparava il caffè. E non si va in casa della gente a mani vuote.

Stavolta invece era un contratto vero. Più puntate vincevo, più sarei rimasto in gara. C'erano imitatori da tutta Italia, bravissimi, e io riuscii a giocarmela bene, nonostante una brutta tracheite che mi costrinse a una cura di cortisone. Vinsi. Non c'erano soldi in palio, il premio era un contratto di due anni per un programma domenicale su Rai Due.

Durante la gara morì mia madre, per un tumore. Eravamo alle fasi finali e non riuscii ad andare al funerale. La notizia non mi aveva strappato il cuore dal petto, aveva solo accentuato il senso di solitudine che mi portavo dietro. Se n'era andato un altro mattone dell'esile edificio che era la mia famiglia.

Non avevo più avuto sue notizie, se non che viveva nei pressi di Napoli con l'ennesimo uomo per il quale aveva perso la testa. Compresi quanto poco sapevo di lei o forse quanto niente volessi sapere. Cercai di ricordarmela così come l'avevo vista l'ultima volta, al funerale della nonna, con i suoi occhi neri e la bocca sottile come una ferita sul viso, il suo parlare misto di accenti. Ogni accento era l'eredità di una avventura amorosa. In quella occasione, ci stupì chiedendo a Franco se voleva andare a vivere con lei. Forse cercava il modo di espiare le sue colpe, forse lo chiese perché sapeva che lui non avrebbe mai accettato.

Invece mio fratello, sorprendendo tutti, accettò.

Si trasferì armi e bagagli da lei, non certo per amore filiale, quanto piuttosto per vedere se cambiando qualcosa della sua vita potesse cambiarne anche il destino. Un po' come quando stai perdendo e invece di far mischiare le carte provi a bussare, nel tentativo di mutare l'esito della partita.

La convivenza durò poco, come avevamo immaginato.

Mia madre voleva insegnargli come stare al mondo, senza averne la più pallida idea. Voleva recuperare il tempo perduto pretendendo da Franco un rispetto che non aveva mai meritato, voleva esercitare il suo ruolo di madre senza averne mai preso la licenza.

Presto si rese conto che ci voleva più di qualche sgridata e un calcio nel culo per metterlo in riga. Dopo un paio di scaramucce con alcuni personaggi della criminalità organizzata e conti in sospeso con gli spacciatori della zona, fu rispedito al mittente.

Per lui fu l'ennesimo fallimento, per lei una specie di stage sulla maternità.

Il barbone e il vichingo

A Roma vivevo con altri colleghi in un piccolo albergo a una stella, ben nascosta, per pudore, ma era pur sempre Roma, la Mecca dello spettacolo, il tempio sacro della televisione e di tutti quelli che sognavano di fare cinema. Soprattutto, ero lontano da Franco.

In Toscana, noi di *Vernice fresca* eravamo dei veri e propri idoli, nella Capitale ero uno dei tanti che ci provavano e questo a volte mi dava un senso di frustrazione. Era come aver fatto parte dei Rolling Stones e subito dopo essere diventato il chitarrista di un'orchestra di liscio. Fu un male necessario per imparare a mettermi sempre in discussione.

La mia faccia passava sullo schermo ogni settimana e con il tempo cominciavano a riconoscermi per strada anche lì, nei locali ci offrivano bottiglie di champagne.

Nonostante un minuto di televisione avesse il potere di farti conoscere da milioni di persone, amavo il teatro, lavorare dal vivo, amavo salire sul palcoscenico e fare quello che volevo davvero fare, senza il compromesso del gradimento televisivo che mi costringeva a ripetere le stesse cose. La gente era il mio ossigeno. Più gente avevo davanti e più respiravo.

Sulla scia del successo di *Vernice fresca* e delle partecipazioni ai vari programmi sulle televisioni nazionali, in Toscana i miei spettacoli registravano sempre il tutto esaurito. I personaggi che interpretavo erano diventati popolarissimi. La gente ne voleva di nuovi e io non facevo fatica ad accontentarla. Ero molto prolifico. Mi chiedevano dove li trovassi, ma erano loro a trovare me. Ero una specie di calamita che attirava tipi strani. Li osservavo, li studiavo, li assimilavo, li facevo miei e ogni volta nasceva una nuova creatura. La signora incontrata dalla parrucchiera, l'ubriaco del paese, il ragazzino fan che non si perdeva un nostro spettacolo, il bagnino che incontravo al bar nei lunghi inverni della Versilia. Per me che non avevo mai avuto soldi in tasca neanche per andare al cinema, il mio cinema erano loro. E divennero il mio teatro.

Durante gli spettacoli, il pubblico, che conosceva i miei tormentoni, li ripeteva. Era come assistere a una messa, dove tutti recitavano la stessa liturgia.

Così, un'estate decisi di prendermi una soddisfazione.

Organizzai, a titolo gratuito, uno spettacolo a Cinquale, il mio paese. Volevo una personale rivincita su tutti quelli che non avrebbero scommesso un soldo su di me, che non avevano mosso un dito quando ero in difficoltà, e volevo condividere la mia soddisfazione con tutti coloro che invece mi avevano sostenuto nei tempi duri, credendoci, aiutandomi in ogni modo possibile.

Scelsi il piazzale della chiesa. Lì ero stato battezzato, cresimato, lì mi ero sbucciato le ginocchia giocando a pallone, si erano sposati amici, parenti, lì avevo gettato petardi la notte della messa di Natale, avevo fatto il chierichetto, avevo detto addio ai nonni.

La sera dello spettacolo ero carichissimo. Non vedevo l'ora di entrare in scena, di dimostrare che qualcuno poteva essere profeta in patria.

Ero anche molto teso, la tensione che ancora sento prima di ogni esibizione, un'ansia buona per cui ancora non sono state inventate pasticche miracolose.

Passeggiavo nervoso su e giù dietro le quinte. Non sapevo quanta gente ci fosse, sentivo il rumore della folla aumentare sempre di più. Nell'aria percepivo l'attesa. Cominciai a sudare, per l'emozione e per l'afa. Eravamo vicini a Ferragosto e la calura non dava tregua neanche di sera.

Sudavo anche per un altro motivo: sapevo che là fuori ci poteva essere Franco, in fin dei conti ero nella tana del lupo.

Mi sentivo forte nei suoi confronti, avevo vinto io, non la sua droga. Avevano vinto la mia determinazione, il mio coraggio, la mia lucidità mentale.

Poi le luci si spensero. Un boato salì dal pubblico. Partì la sigla d'inizio e la musica si mescolò alla scarica di adrenalina. Presi un sorso d'acqua, attraversai il buio e raggiunsi il cono di luce che segnava il centro del palco. Fu un'esplosione di applausi, grida, incitazioni. Migliaia di braccia si alzavano a salutarmi. Le luci di scena mi permettevano di vedere solo le prime file, appena i miei occhi si abituarono al buio cercai di capire dove finisse il mare di teste, ne vidi solo l'orizzonte. Non finivano mai.

I papà avevano sulle spalle i bambini, i ragazzi le fidanzate. I turisti si confondevano con la gente del posto e dei dintorni. Pantaloncini corti e maglioni sulle spalle, cappellini da basket, acconciature da sera, T-shirt colorate e camicie a fiori. Tutti con il naso all'insù, con il sorriso che non vede l'ora di diventare una risata.

Cercai tra le onde di entusiasmo volti conosciuti. E lo vidi, si guardava intorno come a cercare di accordarsi all'allegria degli altri.

Trovarmelo lì davanti dopo averlo sfuggito per tanto tempo mi paralizzò, la sua presenza aveva il potere di condizionare l'intera serata. Ero immobile come un cervo che sta per finire sotto le ruote, tutta la vita mi stava passando davanti agli occhi in un secondo.

Non sentivo più nulla di quello che c'era attorno, fingevo di guardare oltre ma vedevo solo lui.

Era pallido, emaciato, i capelli – più lunghi di quanto ricordassi – erano legati in una coda. Aveva sempre avuto cura dei suoi capelli, si specchiava in qualsiasi superficie passando le mani tra la folta chioma liscia per sistemarla.

Erano un vanto e mi prendeva spesso in giro perché i miei invece erano gonfi e ricci come quelli di un africano.

Sopra la sua spalla notai qualcosa che si muoveva. Non riuscii a capire cosa fosse. All'improvviso il pubblico esplose in una fragorosa risata per una battuta che non mi accorsi nemmeno di aver fatto, uscii dalla bolla e ripresi in mano le redini dello spettacolo.

Fu un trionfo.

Al termine, entrai in camerino e mi gettai stremato sul divano. Ero stanco morto ma con l'entusiasmo alle stelle. Fuori c'era un sacco di gente che aspettava di salutarmi. Fra questi notai Franco, che attendeva diligentemente il suo turno. Lo vidi meglio, aveva l'aspetto di un barbone, scarpe da tennis che un tempo dovevano essere state bianche, jeans sdruciti e sporchi, un giubbotto liso. Finalmente capii che cosa si muoveva sulla sua spalla: un gatto. Smagrito come il suo padrone, si guardava intorno senza muoversi né agitarsi. Evidentemente era abituato a stare lì sopra.

Ad accompagnare Franco c'era un ragazzo alto, grosso, altrettanto malmesso, con un'espressione da gigante buono incorniciata da una grande barba rossiccia. Una faccia da Babbo Natale in un corpo da vichingo. Portava al guinzaglio un meticcio di pastore tedesco, l'unico a essere in buone condizioni.

Tutta la combriccola emanava l'odore acre di chi non si lava da tempo e ha su di sé giorni e notti passati in strada. Erano due punkabbestia.

Franco si avvicinò e mi sembrò di abbracciare una birreria. Nonostante tutto fu bello, fu l'abbraccio di chi si ritrova dopo aver passato insieme un qualsiasi inferno.

Parlammo dello spettacolo, di me, di come mi andavano le cose, quali erano i miei progetti. Dopo una pausa di imbarazzato silenzio, mi raccontò di lui. Era stato allontanato da casa, per la ristrutturazione e la vendita, e aveva trovato riparo dai soliti amici, poi aveva tolto il disturbo e aveva preso possesso di una casa abbandonata a Massa. Viveva di lavoretti per permettersi qualcosa da mangiare e in quel girovagare aveva incontrato il vichingo con le sue bestiole e si erano associati. Mentre parlava mi resi conto che si era tenuto lucido il più possibile per quell'incontro. Giurò che aveva smesso di farsi e quella fu la conferma che si bucava ancora. Essere bugiardi con gli altri e con sé stessi è la prima prerogativa di un tossicodipendente. Lo tradivano il suo continuo grattarsi in faccia, la bocca impastata, le macchie sulla pelle e i denti, quasi tutti rovinati, almeno quelli che gli erano rimasti. Gli effetti devastanti dell'eroina sul corpo erano la sua carta d'identità.

Aveva lo sguardo basso di chi ha paura di essere scoperto. Parlava con me ma era come se si rivolgesse a un'entità visibile solo a lui, la sola in grado di credere a ogni sua bugia.

Buttai un'occhiata al camerino, c'erano frutta, panini, vino, formaggio. Appeso a una gruccia, il mio abito da sera scuro con la camicia bianca. Fui preso da un senso di colpa assurdo e incontenibile.

Mi sentii in colpa per la mia casa, per l'auto, per gli abiti costosi, per il piccolo e rassicurante conto in banca. E per avere un lavoro che amavo. Quei due uomini ai bordi del mondo mi fecero sentire un privilegiato. Sapevo che non c'era nessuna ragione, mi ero guadagnato ogni cosa in cambio di sacrifici veri, senza sconti né scorciatoie. Nonostante tutto, mi vergognai di quello che ero.

Avevo fatto il possibile per tirarlo fuori dal suo buco, eppure mi sentivo ancora responsabile per la situazione in cui si trovava. Non riuscivo a viverla con distacco, nel bene e nel male.

Mi assalì il ricordo di tutto quello che avevo passato e stavo ancora faticosamente cercando di dimenticare, il mio inferno personale alle prese con lui. Era ancora vivido e presente, tanto che quando si affacciò l'idea di portarlo a casa con me per provare a rimetterlo in sesto, ne fui terrorizzato e la scacciai subito.

Avevamo tutti bisogno di una profonda disintossicazione.

E poi Franchino non era lì per chiedermi aiuto, aveva un solo pensiero: i soldi. Sapevo dove sarebbero finiti, ma non riuscii a negarglieli. Se lo avessi fatto avrebbe messo in piedi uno dei suoi casini e in quella situazione – dentro il camerino, con tutte le persone in attesa di un saluto – non mi andava.

Sapevo anche che cedendo avrei creato un pericoloso precedente, eppure presi il portafoglio e gli allungai tutte le banconote che c'erano dentro.

«Solo per questa volta» dissi cercando di essere il più convincente possibile. «Sono gli ultimi. Da qui in avanti non ti presentare più quando lavoro a chiedere soldi e soprattutto in queste condizioni.»

Mi sorpresi della mia durezza, per chi ha il cuore buono è meglio fingere di non averlo.

Lui fu altrettanto bravo a fingere di aver capito la lezione, mi abbracciò felice di essersi guadagnato la sua dose quotidiana, prese i soldi e se ne andò con il suo gatto sulla spalla, che per tutto il tempo non aveva mai smesso di fissarmi. Il vichingo e il cane lo seguirono.

La sera, in auto, Elena con tutta la delicatezza del mondo affrontò l'argomento: le dispiaceva per Franco ed era sicura che anche a me dispiacesse. Avremmo dovuto fare qualcosa. Seduto nel sedile posteriore rimuginavo su tutte le emozioni che avevo appena vissuto.

«Vediamo» dissi piano e chiusi gli occhi. Mi addormentai.

Nei giorni successivi pensai spesso al nostro incontro. Cercavo di immaginare in quale deriva potesse essere mio fratello. Gli inverni in Versilia sono freddi e umidi, dove trovava riparo? E soprattutto, che cosa avrei dovuto fare io?

Mi chiedevo anche che cosa potessero pensare di me le persone, sapendolo per strada in quelle condizioni. Non conoscevano la nostra storia, non sapevano niente di noi. Sicuramente mi credevano uno stronzo: "Guardalo là, guadagna un mucchio di soldi a dire due cazzate e lascia suo fratello in strada come un mendicante". Era come se nella mia testa li sentissi, un coro greco che mi accompagnava in ogni momento.

Ogni tanto qualche amico mi diceva: «Ho visto tuo fratello dormire alla stazione» oppure «Mi è sembrato di vedere Franco chiedere soldi al parco». E nella mia testa era come se dicessero: "Fai qualcosa, cazzo!".

Molti avevano ancora un'idea folcloristica di lui, chi lo conosceva appena vedeva solo il suo lato fragile, buono, simpatico e sfortunato.

In un film documentario sulla sua vita, Maradona, per me il più grande giocatore di tutti i tempi, disse: «Immagina che calciatore sarei stato se non avessi conosciuto la cocaina».

Che uomo sarebbe stato Franco, senza l'eroina.

Decisi di lasciare che le cose andassero come dovevano. Se davvero esisteva un disegno divino, doveva per forza prevedere un finale. Vediamo, mi dissi. E continuai per la mia strada.

Il Re del sabato sera

A metà degli anni novanta, su di me, Carlo e tutti i comici di *Vernice fresca* si abbatté un uragano: Vittorio Cecchi Gori. Anzi, un vero e proprio "ciclone" che ci sospinse in aria e ci scaraventò al centro dell'attenzione degli italiani. Il successo travolgente del film di Pieraccioni lo aveva convinto a inserire il nostro show nel palinsesto della sua nuova emittente, TMC2. Cecchi Gori è stato per noi comici toscani quello che Lorenzo il Magnifico fu per Michelangelo.

Nacque così *Aria fresca*, che prometteva una ventata nuova nel panorama dell'intrattenimento televisivo. Non potemmo usare il titolo originale perché una ditta di abbigliamento aveva comprato il marchio Vernice Fresca per farne un uso commerciale.

Anche se non ebbe la forza di farci diventare delle star, TMC2 ci rese visibili agli addetti ai lavori e fu un grande laboratorio. Carlo Conti da lì a poco trovò il suo spazio nei palinsesti di Rai Uno e non ne uscì più.

La Rai in quel periodo sperimentava molto, specialmente d'estate. Affidò a Carlo un programma, lui scelse il Bandiera Gialla come location e me come suo compagno d'avventura.

Il pubblico della riviera romagnola era il nostro pubblico, giovane ed entusiasta, avremmo avuto l'occasione di essere consacrati a livello nazionale. Eravamo pronti, dopo anni di emittenti locali, piazze, teatri. Lavorammo insieme per due estati consecutive creando dei programmi che servirono a farci crescere ancora di più. Ebbi la possibilità di collaborare con dei giovani autori che migliorarono molto la qualità dei miei testi.

Nel frattempo *Il ciclone* di Leonardo era diventato il film con gli incassi maggiori di sempre nella storia del cinema e, sulla scia dell'entusiasmo, Cecchi Gori e la moglie Rita Rusic mi affidarono due film, come regista, sceneggiatore e protagonista. Il primo, *Bagnomaria*, fu un grande successo al botteghino e non ha mai smesso di essere programmato in televisione, tanto da diventare un cult.

Nel frattempo non persi mai di vista il mio rifugio sicuro, la mia tana: il teatro. Dopo aver portato in scena spettacoli diretti da me, decisi fosse il momento di affidare la regia a qualcun altro. Ci voleva un occhio esterno che prendesse in mano il mio repertorio artigianale e lo trasformasse in un lavoro altamente professionale. Con Giampiero Solari, regista e autore geniale, nacque un sodalizio che dura da vent'anni.

Insieme scrivemmo *Boati di silenzio*, uno spettacolo in cui riuscii a dare sostanza a tutti i personaggi che fino ad allora erano stati semplici macchiette. Lavorai molto anche sulla mia attitudine da monologhista, che non riusciva a emergere da dietro le maschere.

Quello spettacolo mi cambiò la vita, mi preparò ad affrontare i teatri italiani più prestigiosi.

Quando qualche giovane comico mi chiede cosa serve per riuscire in questo mestiere rispondo sempre: pazienza, determinazione e un po' di culo.

Ero arrivato alla soglia dei quarant'anni e non mi ero ancora davvero consolidato come artista. A quell'età o fai il salto, quello che ti consacra da protagonista nell'Olimpo dello spettacolo, o sei destinato a una carriera da comprimario.

Di pazienza fin lì ne avevo avuta da vendere, di determinazione altrettanto, mancava solo il culo, che finalmente arrivò. Si affacciò al mio camerino, al termine di uno spettacolo in uno dei più famosi teatri di Roma.

L'uomo del destino si chiamava Agostino Saccà. Era stato un dirigente influente in Rai, messo poi da parte in virtù di logiche politiche.

Era stato letteralmente trascinato in teatro dalla figlia Maria Grazia che mi aveva fatto da assistente in *Bagnomaria*. A fine spettacolo, in camerino, mi riempì di complimenti, era entusiasta. Mi portò a cena e nel congedarmi mi promise che, se mai un giorno fosse tornato ad avere una qualche responsabilità in Rai, avrebbe fatto il possibile per affidarmi uno show televisivo.

Dopo nemmeno un anno diventò direttore di Rai Uno. Mantenne la promessa e mi diede quattro prime serate. Avevo fatto bingo.

In questa avventura portai con me Giampiero e un gruppo di validi autori, e con la produzione di Bibi Ballandi mi apprestai alla conquista del pubblico italiano.

Superammo le più rosee aspettative, sbaragliammo la concorrenza e mi guadagnai un contratto per altre due edizioni. Il programma si chiamava *Torno sabato* ed è e sarà sempre il mio fiore all'occhiello, mi valse l'appellativo di "Re del sabato sera".

La mia vita era cambiata.

Finita la sbornia mediatica, mi presi una vacanza a Zanzibar per rimettere in ordine i pensieri. Era successo tutto in fretta e in modo inaspettato, mi sentivo come un pugile che scende dal ring a fine incontro e scopre di avere vinto.

Nella manciata di giorni trascorsi su quelle spiagge, ascoltavo il vociare sguaiato dei bambini africani che tornando da scuola rompevano le righe e si svestivano delle loro divise tutte uguali per gettarsi nudi nel mare cristallino. Pensai a quanto fossero beati nella loro inconsapevolezza e quanto poco gli bastasse per essere felici.

E io? Ero felice? Non lo sapevo. Era ancora presto per fare un bilancio della mia vita, ma se avessi dovuto mettere sul piatto le cose belle e quelle brutte, sarebbero pesate di più le prime.

Eppure per essere davvero felice avrei dovuto spogliarmi di tutte le preoccupazioni che mi erano rimaste appiccicate addosso.

Una di queste era mio fratello.

Il ritorno del cigno

Tornai dalle vacanze rigenerato e pronto a tuffarmi nel lavoro.

Neanche il tempo di disfare le valigie e cominciarono le telefonate, era impossibile anche solo fermarsi un attimo a ricordare le meravigliose notti africane, la Via Lattea che si poteva quasi toccare allungando una mano.

Il primo a chiamarmi fu Ballandi. Da quando avevo lasciato la vecchia agenzia, era lui a gestirmi. La seconda edizione di *Torno sabato* sarebbe stata il programma di punta del palinsesto Rai. Le puntate da quattro erano diventate quindici e il programma era stato abbinato alla Lotteria Italia.

Eravamo stati promossi in serie A.

Lo spettacolo avrebbe anche avuto una novità assoluta: sarebbe stato itinerante. L'idea era stata mia, volevo portare la televisione nei palasport delle province italiane, là dove difficilmente arrivavano i grandi eventi. Si prospettava un'impresa titanica, un esercito di mezzi e centinaia di persone al seguito tra cameraman, cast, autori, ballerini, tecnici. Molti di loro, dopo aver fatto parte di quella grande famiglia nomade, si sono sposati e hanno avuto figli.

Iniziarono ad arrivarmi anche proposte dal cinema.

Ero il personaggio del momento. La popolarità mi espose a imbarazzanti complimenti e critiche feroci. Attirò anche gli avvoltoi, che presero a volteggiare intorno a mio fratello.

Anche lui nel frattempo stava facendo una sua personale carriera.

Sapevo che si era messo a spacciare e aveva avuto problemi con la giustizia.

Ma Franco non era un malvivente, non aveva un'indole criminale. Era la sopravvivenza di chi ha bisogno di guadagnarsi la sua dose quotidiana.

Lo sapevano tutti e potevo immaginare il sorrisetto sotto i baffi di chi era costretto ogni tanto a prenderlo per un orecchio e portarlo in centrale.

Non riuscivo a capacitarmi di come potesse vivere così, lottando ogni santo giorno per sopravvivere alla strada.

La mia popolarità scatenò interesse intorno a lui e alcuni soggetti, rosi dall'invidia e con l'obiettivo di trarne vantaggio, cominciarono a insinuargli nella testa la convinzione che dovessi essere io a dargli tutto quello che Dio non gli aveva dato. Il torto di avere avuto l'uno più fortuna dell'altro andava riparato.

"Quello se ne frega di te. Vive nel lusso e ti lascia nella merda. Sei suo fratello e ti deve aiutare!" Mi sembrava di sentirli, i grilli parlanti, che già pregustavano una bella abbuffata di alcol e droga gentilmente offerta dal fratello ricco e famoso.

Grazie a un vero e proprio lavaggio del cervello, Franco lasciò da parte l'orgoglio e si presentò da me. Sapeva dove trovarmi, bastava leggere il giornale o guardare un manifesto.

Stavo seguendo l'allestimento della scenografia in un piccolo teatro toscano che avevamo affittato per provare i personaggi e le gag da portare in tv, e mi avvertirono che fuori due persone mi stavano cercando.

«Uno dice di essere tuo fratello.»

"Ci risiamo" pensai.

Uscii da una porta secondaria. Nel buio distinguevo le sagome di due uomini seduti su un muretto.

«Ciao Giò» disse una voce familiare, la sua.

Li invitai a entrare e feci strada nel mio camerino.

Alla luce, subito mi accorsi che Franco era in pessime condizioni, non c'era da stare tranquilli. Non riconobbi la persona che era con lui, un tipo segaligno, con i capelli rasati ai lati e lunghi sulla sommità della testa che gli ricadevano sulle spalle, un pizzetto caprino, piccole croci che gli pendevano dalle orecchie, gli avambracci pieni di tatuaggi, collane e braccialetti in stile africano.

Mi guardava torvo, inquisitore.

Franco aveva il suo solito aspetto, da Franco. Nel tentativo di darsi un'espressione da cattivo, l'occhio sembrava ancora più storto.

Era quasi altezzoso, come se fosse venuto a reclamare qualcosa che gli spettava. Venne subito al sodo, senza convenevoli:

«Ho bisogno di soldi. Devo darli a uno che me li ha prestati.»

«Franchino.» Usai il diminutivo nel tentativo di ammansirlo. «Ti ho già detto che soldi non te ne do più, so a cosa ti servono.»

«Non sono per me, li devo dare a uno sennò mi fa il culo.»

Cambiai registro:

«Peggio per te. Ti ho già detto che ti do una mano quando so che hai smesso. Non butto via i soldi che mi guadagno per farti drogare, te e i tuoi amici.»

Il suo compare si sentì chiamato in causa.

«Non mi sembra una cosa giusta quella che stai facendo» sbiascicò.

Feci finta di non aver sentito e tornai a rivolgermi a mio fratello:

«Se vuoi, uno di questi giorni ti porto a fare una spesa o a comprarti quello che ti serve, ma soldi in mano no.»

«Non fare la merda» mi rispose aggressivo.

«Non faccio la merda. Sai che ho ragione.»

«Non hai ragione un cazzo! Che ne sai te in che cazzo di casino sto vivendo» gridò, lo sentirono anche in teatro. La discussione stava prendendo una brutta piega. Aveva di sicuro bisogno di una dose, subito.

«Lo so bene in che condizioni sei.»

«No! Tu non sai un cazzo!» mi ringhiò in faccia.

«Non urlare, per favore» lo pregai.

«Non me ne frega un cazzo se ci sentono! Non ho mica paura delle tue guardie del corpo!» continuava furioso. Il suo volto era diventato la maschera di rabbia che avevo imparato a conoscere. L'occhio storto sembrava volergli schizzare fuori dall'orbita.

«Basta Franchino, andiamo via, lascia perdere» lo consigliò il compare, più per paura delle guardie del corpo che della reazione di Franco.

«Io non me ne vado finché non mi dà i soldi.»

Incrociò le braccia sul petto, deciso a rimanere per sempre, se fosse stato necessario. Fuori dalla porta c'erano persone pronte a intervenire. Non era il momento né il luogo per una prova di forza con mio fratello, avrei solo scatenato un inutile putiferio. Così cedetti, tirai fuori il portafoglio e gli diedi quello che avevo, pochi soldi.

Li guardò sdegnato, capì che non avrebbe potuto ottenere altro e me li strappò di mano. Poi se ne andò, non prima di aver dato un calcio al tavolo dove erano riposte le parrucche, rovesciandole a terra.

Rimasi seduto, guardandomi allo specchio e dandomi del coglione. Avrei dovuto prendere lui e il suo compare a calci nel culo e buttarli fuori. Ma non ero quel tipo di persona, se lo fossi stato, forse, non saremmo arrivati fin lì.

Tentai di smaltire la tensione accumulata. Avevo voglia di prendere il giubbotto e tornarmene a casa, ma dovevo portare avanti le prove.

Uscii dal camerino. Davanti alla porta non trovai nessuno, avevano avuto il pudore di far finta di nulla.

Ho bisogno di te

Dopo quella sera ricominciò il calvario di paure, di ansie.

La mia serenità era di nuovo minacciata, e in quel momento della mia carriera avevo molto da perdere.

Dovevo sostenere il carico di responsabilità di uno spettacolo in prima serata per una stagione intera; artisticamente dovevo dare quello che tutti si aspettavano; dovevo affrontare chi stava col fucile puntato in attesa di un mio fallimento per poter dimostrare che ero solo un fuoco di paglia; dovevo combattere contro la concorrenza che si stava preparando agguerrita. Per fare tutto, ci voleva una grande, inscalfibile serenità.

Mancavano pochi mesi, decisi di chiudermi in un compartimento stagno per far scivolare via ogni impedimento alla mia concentrazione, anche a costo di dare a Franco i soldi ogni volta che fosse venuto a chiederli, senza fare storie, purché se ne andasse e mi lasciasse tranquillo.

Rimandai il confronto con il problema a data da stabilirsi.

Ma la situazione prese una svolta improvvisa.

Era l'estate precedente al debutto. Feci qualche data per testare il copione prima di portarlo in televisione, una di queste in Versiliana, il prestigioso teatro all'aperto nella pineta della villa che fu di D'Annunzio.

Nel tardo pomeriggio, mentre provavamo l'impianto per

gli ultimi assestamenti tecnici, arrivò Franco. Era da solo. Si accomodò in una sedia in prima fila e aspettò che finissi.

C'era qualcosa di diverso, si era tagliato i capelli e si era procurato degli abiti puliti.

Alla fine, gli feci cenno di passare dietro al palco. Lo portai in camerino, lontano da occhi indiscreti. Ero sulla difensiva, mentalmente già contavo quanti soldi avessi in tasca.

«Come va?» chiesi.

«Bene.»

Era stranamente calmo.

«Siediti.»

«Grazie.»

Eravamo uno di fronte all'altro, nell'ennesimo camerino. Quanta parte della mia vita è passata dentro i camerini, ho trascorso più tempo lì che a casa mia.

Sgranocchiammo qualcosa tra una parola smozzicata e un'altra, poi tagliai corto:

«Cosa vuoi?»

Avevo l'impressione che fosse più remissivo, pensai avesse solo cambiato strategia, e invece scoppiò a piangere.

«Non ce la faccio più» confessò tra i singhiozzi. Disse di sentirsi un parassita, un emarginato. Dormiva sotto i ponti, non mangiava più, l'occhio storto aveva smesso di vedere.

«Sono arrivato alle mani con un barbone per una mela mezza marcia trovata in terra.»

Era disperato.

Per dimenticare tutto il marciume doveva essere sempre sballato e quando non trovava una dose l'astinenza gli procurava dei dolori lancinanti. Era stato male, aveva avuto la febbre alta e nessuno lo aveva aiutato, nessuno gli aveva dato ricovero. Così si era preso una polmonite e il suo unico polmone respirava a fatica.

«Più di una volta ho pensato di non farcela.»

L'ho guardato e mi sono sentito morire.

Per tirare avanti doveva spacciare e se non riusciva a venderla lo minacciavano, qualche volta lo avevano picchiato.

Aveva delle pendenze con la giustizia, delle condanne

anche, e aveva paura di essere arrestato di nuovo e di doversi fare qualche anno.

Maledisse il giorno in cui si era bucato per la prima volta e tutte le volte che non mi aveva dato retta.

Giurò che aveva capito la lezione, non ce la faceva più. Promise che avrebbe fatto tutto quello che volevo, che si sarebbe disintossicato. Aveva bisogno di una vita normale, di una casa, aveva bisogno di curarsi, anche di un lavoro. Alla fine mi guardò negli occhi:

«Ho bisogno di te.»

Tra le rughe della sua pelle avvizzita, invecchiata prima del tempo, sciupata dalle difficoltà, intravidi il ragazzino che giocava a calcio nel campetto vicino al mare, che correva con la palla tra i piedi a testa alta, come un cigno.

Spazzò via le lacrime con il palmo della mano, poi si frugò in tasca e mi mostrò un biglietto sgualcito. Riconobbi subito la mia calligrafia: "Mi dispiace di non essere riuscito a dimostrarti che vivere come me fosse meglio".

Aveva conservato quel pezzo di carta per tutto il tempo.

«Me lo hai dimostrato» disse, e aggiunse: «Ora tocca a me».

San Patrignano

«Fino a che non hai finito tutto non ci possiamo alzare dal tavolo.»

Non ero a conoscenza di quella regola e lui si era guardato bene dall'avvertirmi, vedermi in difficoltà lo divertiva.

Eravamo seduti su una panca di legno che correva lungo la fila di tavoli in comune, apparecchiati con tovaglie di plastica, nella grande struttura che accoglieva la mensa della comunità. C'era un brusio di fondo costante, dovuto al gran numero di commensali, ma era un suono educato, lontano dall'essere fastidioso. Le cucine a vista mi permettevano di osservare il lavoro incessante e allegro dei cuochi. Nonostante la divisa professionale, capivo che la loro scuola non era stata l'alberghiero, ma la strada. Le facce mostravano gli eccessi di una vita oltre i limiti. Con il lavoro riacquistavano dignità. Disciplina, autostima e onestà erano gli unici modi con cui riguadagnare la fiducia delle famiglie, degli amici. Tutti lavoravano per il bene proprio e degli altri.

C'erano orari, turni, regole, cose che nella vita non avevano mai osservato e che solo con un enorme sforzo di volontà si potevano rispettare.

«Quando metti la roba da mangiare nel vassoio, devi farlo in base a quanta fame hai perché non puoi avanzare nulla nel piatto. Lo spreco qui è punito con qualche ora di lavoro nelle stalle» mi spiegò Franco, divertito all'idea di vedermi spalare.

Mi sforzai di mangiare tutto. Sistemai il vassoio nella rastrelliera, poi uscii con mio fratello e un paio di altri ragazzi per fumare una sigaretta. Ne offrii anche a loro e fu come se avessero ricevuto in regalo un lingotto d'oro. Il razionamento delle sigarette era un'altra delle regole: sigarette a basso costo e non più di cinque o sei al giorno, a parte forse la domenica quando ricevevano le visite dei parenti ed era facile che qualcuno ne passasse un pacchetto sotto banco, come mi è capitato di fare. Le sigarette erano anche merce di scambio. Due o tre potevano valere qualche fumetto, un bagnoschiuma, dei calzini nuovi.

Ci sedemmo su una panchina, nessuno pareva fare caso a me. Vedevano poca televisione, ce n'era solo una nella sala comune ed era difficile mettersi d'accordo su cosa guardare. L'eco delle mie imprese televisive arrivava grazie a quello che mio fratello raccontava in giro orgoglioso.

Era una giornata di sole, una brezza leggera soffiava dal mare lì vicino. Nonostante fosse a un passo dalla movida romagnola, quel posto infondeva pace. Spostai lo sguardo sulle colline coltivate a vite, sulla macchia delle piante d'ulivo. Ogni tanto si sentiva il nitrire dei cavalli, il muggito delle vacche. Si stava bene. Anche Franco stava bene, lo vedevo.

Amava la natura ed ero felice che fosse tornato a vederla.

L'idea di San Patrignano era semplice: far lavorare ai ragazzi la terra, le vigne, piantare ulivi, allevare vacche e produrre formaggio, olio, vino e tutto quello che potesse essere venduto per autosostenersi economicamente. Il lavoro avrebbe permesso loro di ritrovare un senso comune, li avrebbe tenuti lontani dall'isolamento che la droga provocava, e magari sarebbe riuscito a offrire gli stimoli necessari per smettere.

Questa era la cura. Niente farmaci, solo forza di volontà e sostegno psicologico. Ognuno di loro aveva un trattamento personalizzato, perché tornassero a sentirsi delle persone, non dei malati o dei reietti.

Vivevano di quel poco che era più che sufficiente, non avevano nessun contatto con l'esterno, se non qualche volta per telefono o per lettera.

Poco fumo, niente alcol.

Ogni ospite era sotto lo stretto controllo del volontario a cui era stato affidato e che diventava il suo angelo custode. Era lui a decidere cosa doveva e cosa non poteva fare. I volontari erano ragazzi recuperati che decidevano di rimanere per dare sostegno e fare da esempio.

Dalla comunità non si poteva entrare o uscire a piacimento. Se ne andava solo chi si era completamente disintossicato ed era dichiarato pronto per il reinserimento.

Si rispettavano le condizioni al di là di ogni riserva oppure si era invitati ad andarsene, senza possibilità di tornare indietro.

Era un sistema carcerario, per molti efficace.

Grazie a San Patrignano ho riacquistato un po' di serenità, e come me moltissime famiglie. Avrei pagato a peso d'oro l'opportunità di far uscire mio fratello dall'incubo della dipendenza e lì abbiamo avuto questa opportunità gratis. La comunità non ha mai avanzato richieste economiche, se non il minimo necessario per qualche necessità extra.

Tutti erano trattati allo stesso modo, chi veniva da una situazione di disagio e chi invece aveva famiglie importanti alle spalle.

Senza la comunità avrei perso mio fratello molto tempo prima.

Le sirene di Ulisse

Quel giorno rivedevo Franchino per la prima volta dopo due anni.

Lo avevo trovato in grande forma, era leggermente ingrassato, continuava ad avere grande cura del suo aspetto, soprattutto dei capelli. A parte qualche inevitabile scaramuccia, aveva recuperato la sua simpatia ed era benvoluto da tutti. Gli davano pacche sulle spalle e gli raccomandavano di tenersi allenato per il torneo di calcio. Era tornato a giocare, anche se con fatica per via del suo unico polmone. La sua visione di gioco e il suo incedere a testa alta erano intatti. Insomma, meno goal e più assist. Il suo responsabile mi disse che si stava impegnando molto sul lavoro. Stava imparando a fare il caldaista ed era fiducioso sul fatto che l'anno successivo sarebbe potuto uscire dalla comunità per qualche lavoretto esterno, insieme a lui e agli altri del reparto.

Questo non fece che confermare l'idea che mi ero fatto dopo il nostro ultimo incontro in teatro: Franco aveva voglia di farcela.

Nel momento in cui avevo accettato di aiutarlo, non avevo idea di cosa si dovesse fare per entrare in una comunità di recupero. Avevo sentito parlare di Muccioli, ma prima di muovermi volevo capire quanto mio fratello fosse convinto di disintossicarsi. Iniziammo con l'avvicinarci a qualche associazione di volontari, ex tossicodipendenti, ma non funzionò granché. Le associazioni avevano ottime intenzioni e buona volontà, ma i mezzi economici scarseggiavano e l'impresa ne richiedeva molti. Pur offrendo un buon sostegno psicologico, non riuscivano a garantire un'occupazione, anche un piccolo lavoretto, che tenesse impegnata la testa di uno che non pensa ad altro che a farsi.

Ogni volta si ripartiva da capo.

Io poi non riuscivo a essere presente con continuità, occupato a girare l'Italia in lungo e largo con la produzione televisiva. Il sabato sera andavo in diretta e la domenica ripartivo per la città successiva, così per quindici settimane. Nonostante la volontà, Franco ogni volta ci ricascava.

Era frustrante per tutti, però percepivo che questa volta era diverso. Lo avevo visto sinceramente stanco e desideroso di smettere. La sua onestà era reale. Temevo che vedesse la mia assenza come l'ennesima fuga, che pensasse non stessi onorando l'impegno preso con lui e che di settimana in settimana avrei perso la voglia di aiutarlo, perché il mio mestiere aveva ormai il sopravvento su tutto, anche su di lui.

La presenza di Elena fu determinante: prese il toro per le corna e affrontò al posto mio, con generosità, la prima fase di un lungo cammino.

A Franchino piaceva, le dava ascolto, le chiedeva consiglio e si fidava, ogni volta che era in imbarazzo con me per qualcosa, passava prima da lei.

Insieme, arrivammo alla conclusione che l'unica soluzione buona per Franco fosse San Patrignano. Subito ci rendemmo conto che farlo entrare sarebbe stata un'impresa.

La lista d'attesa era lunghissima, centinaia di ragazzi erano accampati con tende o ricoveri di fortuna davanti ai cancelli della comunità, con la speranza di essere accolti. Erano un promemoria per quelli che erano riusciti a entrare, perché si sentissero dei privilegiati.

Vincenzo Muccioli era morto da qualche anno e la comunità era passata al figlio Andrea, che dal padre aveva ereditato anche il forte carattere, qualità indispensabile per gestire gli ospiti.

Andrea era un custode severo del lavoro paterno, incontrava personalmente ogni singolo candidato e accettava l'incontro solo se era passato dall'eroina al metadone e poi da lì a una completa disintossicazione anche dal secondo. La sua parola d'ordine era: metadone zero.

Nel caso il colloquio fosse andato bene, non si entrava direttamente, era necessario un periodo in una pre-comunità, una sorta di avamposto satellite dove i ragazzi venivano inseriti in un rigido programma, assistiti da volontari che ne testavano le reali volontà, oltre alle capacità e alle attitudini, per individuare le possibilità di inserimento nelle attività della comunità. La pre-comunità serviva a capire se il soggetto avesse davvero voglia di farsi il culo o se stesse cercando solo un modo per sottrarsi alle patrie galere e scontare tra le vigne e i frutteti le pene comminate, approfittando di una legge che lo permetteva. Con questa articolata procedura, Andrea Muccioli proteggeva il percorso di recupero dei suoi ragazzi, impedendo che una qualsiasi scheggia impazzita ne minasse la fragile determinazione.

Il primo passo era disintossicare Franco dall'eroina. Dante, cardiologo dell'ospedale di Prato e nostro amico, ci aiutò con il metadone, ma la parte difficile fu tenere mio fratello al sicuro, lontano dalla piazza e dallo spaccio. Era come trattenere Ulisse dal canto delle Sirene.

Dovevamo controllarlo ventiquattro ore su ventiquattro. Con l'aiuto di un volontario che si era preso a cuore Franchino, lo rinchiudemmo in una stanza d'albergo. Il volontario, che da ex tossico conosceva bene le crisi di astinenza, gli stava vicino tutto il tempo, soprattutto nelle fasi acute.

Ogni tanto Elena andava a dargli il cambio. Una mattina fu costretta a cacciare a ombrellate uno spacciatore che aveva scoperto dove avevamo nascosto Franco e tentava di passargli qualche dose dal balcone.

A chi spaccia rode perdere un cliente, perciò dovevamo

combattere anche con chi commerciava le sostanze, per strappargielo dalle grinfie.

A vincere, alla fine, fu la ferrea determinazione di mio fratello, che giorno per giorno, dolore dopo dolore, riuscì a levarsi il veleno dal sangue.

Eravamo pronti per il passo successivo, il colloquio a San Patrignano. L'ultima speranza.

Il generale

Lo sguardo di Andrea Muccioli passava di continuo da me a Franco. Era uno sguardo inquisitorio, ti faceva sentire nudo, senza scampo, senza scuse. Dai suoi occhi non traspariva nessuna emozione, nessun tipo di deferenza per chi aveva di fronte. Quando Franco parlava ogni tanto me li sentivo puntati addosso e mi giravo a guardare altrove. Mi faceva sentire in colpa anche per i peccati degli altri. Ricordo di aver pensato che se fosse stato un interrogatorio avrei confessato reati mai commessi. Non subiva in nessun modo il fascino della celebrità. Mi guardava come un contadino guarda un mazzo di ravanelli.

Ci vollero mesi per avere un appuntamento con lui. La selezione avveniva non per conoscenze o raccomandazioni, ma in base alla gravità della situazione.

Il fatto che Franco potesse essere arrestato da un giorno all'altro aveva forse favorito l'incontro.

Dopo una lunga anticamera, ci aveva fatti accomodare nel suo ufficio, nei pressi del grande cancello d'ingresso, presidiato come un fortino dai ragazzi ospiti. Dalla finestra, dietro un muro di cinta, si intravedeva il tetto della casa dove viveva con la sua famiglia, circondata da alti alberi. La comunità era casa sua, in tutti i sensi possibili. Lo studio era piccolo, essenziale, quasi monastico. Lo riempiva il suo carisma.

Franchino faceva il brillante, fingeva di sentirsi a suo agio, di non essere per nulla condizionato dalla personalità di Muccioli. Tentò anche di reggerne lo sguardo, ma l'occhio storto non lo aiutava.

Andrea si limitava ad ascoltare e quando toccava a lui prendere la parola, faceva delle lunghe pause, come se aspettasse che ci svuotassimo di tutto quello che avevamo da dire.

Franco parlava, molto. Troppo. Era sovreccitato, voleva essere a tutti i costi convincente. Sapeva che la posta in gioco era alta, entrare in comunità gli avrebbe salvato la vita.

Muccioli rispondeva con voce calma, pungente. Era evidente che aveva affrontato migliaia di colloqui come quello, sapeva con chi aveva a che fare ed era come se conoscesse la nostra intera vita.

Per mio fratello quell'incontro fu una fucilazione.

Fu messo con le spalle al muro e gli furono sparate addosso tutte le sue debolezze. Muccioli era cinico e schietto nel dire che non aveva nessuna fiducia in persone come lui, deboli, senza spina dorsale, senza palle.

Disse che conosceva la pasta di cui era fatto mio fratello, uno che si nasconde dietro le cause dei propri mali senza mai avere il coraggio di affrontarli veramente; uno per cui nessuno lo capisce meglio dell'eroina quindi tanto vale continuare a farsi invece che perdere tempo a chiedere aiuto; uno per cui il timore di trovare un lavoro è superiore a quello di non trovarlo; uno che non ce la fa a resistere alle privazioni e alla vita dura della comunità. Così disse.

Concluse che con Franco avrebbe perso il suo tempo, invece di dedicarlo a ragazzi che meritavano la fiducia e l'impegno dei volontari, sicuramente più di lui.

Rimanemmo secchi.

Tra le righe avevo anche percepito un messaggio indiretto per me: non credere che avere un fratello famoso ti avvantaggi rispetto agli altri.

Franco allora si fece spaccone, ribatté che ci voleva ben altro per spaventarlo, che ce l'avrebbe fatta perché era prontissimo e che gli avrebbe dimostrato che si sbagliava.

Andrea continuava a puntargli addosso lo sguardo come fosse una pistola, e infieriva.

Ne aveva visti tanti, seduti su quella sedia, a sfoggiare sicurezza. Ne aveva accolti tanti, pronti come lui, che poi erano crollati al ricordo di una dose, alla paura del vuoto, alla tentazione di un altro viaggio.

Ogni sua frase era una certezza, non lasciava spazio a dubbi, a un errore di valutazione. Era così e basta: Franco non ce l'avrebbe fatta.

Mio fratello, per tenergli testa, pensò di dover alzare la voce. Urlò che lui era diverso, le cose non sarebbero state come Muccioli diceva. Riconoscevo la rabbia che gli arrossava il volto. Temetti il peggio.

«Che cazzo ne sai tu di come sono io!» gridava. «Sono sicurissimo di farcela e ce la farò!»

Andrea, imperturbabile, continuava a fissarlo scettico.

Senza cambiare tono insisteva, ancora e ancora, puntuale nel sottolineare ogni fragilità, nel minare ogni sicurezza, mettendo il dito in ogni piaga.

Franco non sarebbe stato diverso dagli altri. Il copione era sempre lo stesso, così come il finale, mai a sorpresa.

Avrebbe vinto ancora lei, perché l'eroina era quella buona e lui il cattivo.

Alla fine mio fratello crollò e si sciolse in un pianto a dirotto. Pianse di fronte all'umiliazione, alla rabbia, alla frustrazione, alla scomoda verità.

Ammise tutte le sue paure, ma tenne duro: era pronto a provarci.

Seguì un silenzio interminabile. Da fuori arrivavano le voci dei soldati al cancello, testimoni di altri incontri come quello.

Non vedevo l'ora di uscire a prendere una boccata d'aria, stavo soffrendo come un apostolo davanti alla crocifissione.

Andrea non smetteva di fissare mio fratello come se lo volesse ipnotizzare per fargli confessare le sue vere intenzioni. Le cercava in ogni piega della bocca, nel tremore delle mani, nel modo in cui accavallava le gambe, con cui si toccava i capelli.

Sul finale divenne più cordiale e ne intravidi allora tutta l'umanità, la fatica.

Cinque sigarette al giorno, niente alcol né vino. La sera si cenava, si sparecchiava, si lavavano i piatti e poi ci si ritirava nella propria stanza, dove si crollava dalla stanchezza. Il giorno seguente si ricominciava tutto da capo.

Con questi ritmi era difficile avere il tempo di pensare a qualcos'altro, l'unica nemica era la tenuta fisica e psichica, considerata anche la pressione che esercitava sugli ospiti il controllo costante dei volontari.

Eppure l'atmosfera tra i ragazzi era distesa, nacquero solide amicizie.

Quando chiamavo per avere notizie, mi prendeva sempre un inatteso ottimismo: tutto continuava ad andare per l verso giusto. Confesso che non ci avrei mai scommesso, ranchino ci stava sorprendendo.

Anche i volontari erano conquistati dalla sua tenacia e alla sua simpatia.

Il clima di ritrovata serenità influì molto sul mio lavoro, ddirittura si parlava di me come del prossimo condutto- di Sanremo. Ogni tanto, in qualche intervista, la faccen- a di mio fratello tornava fuori e io ne parlavo con orgo- io, perché Franchino stava dimostrando che ogni figlio, gni fratello, ogni amico può avere la forza di uscirne. Sta- dimostrando un coraggio incredibile.

Con il tempo l'argomento cadde nell'oblio. Come dice- Bibi Ballandi, fa più rumore un albero che cade che mil- che crescono.

Un anno passò in fretta, non ricordo dove fossi e cosa ssi facendo, ma ricordo benissimo la telefonata:

«Buonasera signor Panariello. Domani trasferiamo Fran- a San Patrignano.»

Mi venne da piangere. Ce l'aveva fatta, quel testone ce eva fatta! Aveva convinto tutti, anche i più scettici, come . Era riuscito a resistere alle privazioni, alla stanchezza la mancanza dell'eroina.

ra presto per cantare vittoria, ma che fossimo in van- io era innegabile: Franchino 1 - Muccioli 0.

cigno era pronto per essere convocato in Nazionale.

Ci salutò con la promessa che ci avrebbe fatto sapere, le stesse parole che mi ero sentito ripetere infinite volte alla fine di un provino.

Franco uscì dall'ufficio come Fantozzi, a testa china. Per un momento pensai che fosse addirittura sul punto di baciargli la mano.

Andrea ci ricordò che, qualunque fosse stata la sua decisione, prima di entrare era necessario aspettare che si liberasse un posto in una casa famiglia a loro affiliata, tra le montagne di Trento. Franco avrebbe dovuto trasferirsi lì almeno per un anno. Lo avrebbero messo a dura prova per testarne l'affidabilità. Anche mio fratello avrebbe avuto il suo provino.

Al ritorno, in auto, nessuno aveva voglia di parlare.

Franco era scosso ma non aveva perso la sua motivazione. Andrea era riuscito a toccare le corde giuste, come un generale che incute timore e sa infondere coraggio alle truppe. Finalmente, anche per noi, era arrivata la cavalleria.

Seguivo con lo sguardo la linea perfetta dei filari d'uva. Dopo tanti sacrifici e duro lavoro, da quei grappoli sarebbe uscito un ottimo vino. Sperai che anche per noi fosse così, doveva essere un'ottima annata, la aspettavamo da tanto.

Per la strada incrociammo un gruppo di ragazzi diretti alla comunità. Portavano uno zaino sulle spalle, carichi di speranza. Scappavano dalle loro croci, dal degrado, dalla disperazione, da sé stessi.

In ognuno di loro rivedevo mio fratello.

Quell'immagine mi rimase negli occhi e ne venne fuori una poesia che poi diventò una canzone. Fantasticavo di percorrere lo stesso viale con Franchino mentre lo riportavo a casa, finito il suo periodo di comunità, da vincitore. M'immaginai le parole che avrebbe potuto pronunciare, le parole d'addio alla sua dipendenza:

Eri le stesse promesse del giorno prima
Le solite vecchie scommesse su chi si rovina
Eri lo sguardo negli occhi che io non volevo

Eri già tutto me stesso
E non lo sapevo
Eri e per sempre tu eri
Rimani un ricordo
In cielo con i nostri pensieri e il cuore nel fango
Eri e per sempre tu eri
Un ricordo soltanto
Per me che rivedo il mio ieri, negli occhi di un altro.

Era un testo semplice, senza pretese, e anche a lui piacque, lo considerava di buon augurio. Come d'abitudine, lo piegò in più parti e lo infilò in un'agenda che portava sempre con sé. Ci teneva una specie di diario, di cui era molto geloso.

Una volta non avevo resistito alla tentazione di dare una sbirciata. Avevo trovato appunti per testi di canzoni, alcune brevi poesie, altre abbandonate prima di essere finite. C'erano pagine completamente bianche e pensai che in quei giorni fosse così fatto da non riuscire a scrivere nemmeno una parola. Tra una pagina e l'altra trovai dei ritagli di giornale ripiegati con cura: parlavano di me, dei miei spettacoli, dei miei successi, critiche televisive, recensioni. Poi anche qualche articolo che parlava di lui, non esattamente per gli stessi motivi.

L'agenda fu la prima cosa che mise in valigia prima di partire.

La vittoria

Ci vollero mesi per conoscere il destino di F
c'ero mai e chi gli stava vicino faceva i salti
nerlo lucido. Qualche volta non ci riuscivano
partire da capo, con il metadone, dentro e fu
dali. Ci scoraggiammo, stavamo perdendo
responso di Andrea Muccioli tardava ad arri
mo che Franco non ce la facesse. Invece og
deva trovava sempre la forza di rialzarsi, c
si perdeva mai completamente.

Quando la chiamata arrivò, mio fratello
tadone zero. Ce l'avevamo fatta, avevam
campionato.

Partì verso Trento per raggiungere la c
lo avrebbe ospitato.

Fu una vera e propria clausura. Non si
re il lavoro degli educatori che avevano
struire il fisico e soprattutto la mente d
non andammo mai a trovarlo.

Dai racconti che faceva, intuivamo ch
raviglioso. Nascosta tra i monti, la casa
posta da poche persone, volontari com

La sveglia era all'alba e ognuno av
Franco doveva spalare la cacca delle v
cime, mungerle, foraggiarle e tenere i

Ci salutò con la promessa che ci avrebbe fatto sapere, le stesse parole che mi ero sentito ripetere infinite volte alla fine di un provino.

Franco uscì dall'ufficio come Fantozzi, a testa china. Per un momento pensai che fosse addirittura sul punto di baciargli la mano.

Andrea ci ricordò che, qualunque fosse stata la sua decisione, prima di entrare era necessario aspettare che si liberasse un posto in una casa famiglia a loro affiliata, tra le montagne di Trento. Franco avrebbe dovuto trasferirsi lì almeno per un anno. Lo avrebbero messo a dura prova per testarne l'affidabilità. Anche mio fratello avrebbe avuto il suo provino.

Al ritorno, in auto, nessuno aveva voglia di parlare.

Franco era scosso ma non aveva perso la sua motivazione. Andrea era riuscito a toccare le corde giuste, come un generale che incute timore e sa infondere coraggio alle truppe. Finalmente, anche per noi, era arrivata la cavalleria.

Seguivo con lo sguardo la linea perfetta dei filari d'uva. Dopo tanti sacrifici e duro lavoro, da quei grappoli sarebbe uscito un ottimo vino. Sperai che anche per noi fosse così, doveva essere un'ottima annata, la aspettavamo da tanto.

Per la strada incrociammo un gruppo di ragazzi diretti alla comunità. Portavano uno zaino sulle spalle, carichi di speranza. Scappavano dalle loro croci, dal degrado, dalla disperazione, da sé stessi.

In ognuno di loro rivedevo mio fratello.

Quell'immagine mi rimase negli occhi e ne venne fuori una poesia che poi diventò una canzone. Fantasticavo di percorrere lo stesso viale con Franchino mentre lo riportavo a casa, finito il suo periodo di comunità, da vincitore. M'immaginai le parole che avrebbe potuto pronunciare, le parole d'addio alla sua dipendenza:

Eri le stesse promesse del giorno prima
Le solite vecchie scommesse su chi si rovina
Eri lo sguardo negli occhi che io non volevo

Eri già tutto me stesso
E non lo sapevo
Eri e per sempre tu eri
Rimani un ricordo
In cielo con i nostri pensieri e il cuore nel fango
Eri e per sempre tu eri
Un ricordo soltanto
Per me che rivedo il mio ieri, negli occhi di un altro.

Era un testo semplice, senza pretese, e anche a lui piacque, lo considerava di buon augurio. Come d'abitudine, lo piegò in più parti e lo infilò in un'agenda che portava sempre con sé. Ci teneva una specie di diario, di cui era molto geloso.

Una volta non avevo resistito alla tentazione di dare una sbirciata. Avevo trovato appunti per testi di canzoni, alcune brevi poesie, altre abbandonate prima di essere finite. C'erano pagine completamente bianche e pensai che in quei giorni fosse così fatto da non riuscire a scrivere nemmeno una parola. Tra una pagina e l'altra trovai dei ritagli di giornale ripiegati con cura: parlavano di me, dei miei spettacoli, dei miei successi, critiche televisive, recensioni. Poi anche qualche articolo che parlava di lui, non esattamente per gli stessi motivi.

L'agenda fu la prima cosa che mise in valigia prima di partire.

La vittoria

Ci vollero mesi per conoscere il destino di Franco. Io non c'ero mai e chi gli stava vicino faceva i salti mortali per tenerlo lucido. Qualche volta non ci riuscivano e si doveva ripartire da capo, con il metadone, dentro e fuori dagli ospedali. Ci scoraggiammo, stavamo perdendo le speranze. Il responso di Andrea Muccioli tardava ad arrivare e temevamo che Franco non ce la facesse. Invece ogni volta che cadeva trovava sempre la forza di rialzarsi, con tenacia. Non si perdeva mai completamente.

Quando la chiamata arrivò, mio fratello era pronto: metadone zero. Ce l'avevamo fatta, avevamo vinto il nostro campionato.

Partì verso Trento per raggiungere la casa famiglia che lo avrebbe ospitato.

Fu una vera e propria clausura. Non si poteva disturbare il lavoro degli educatori che avevano il compito di ricostruire il fisico e soprattutto la mente degli ospiti, perciò non andammo mai a trovarlo.

Dai racconti che faceva, intuivamo che il posto fosse meraviglioso. Nascosta tra i monti, la casa famiglia era composta da poche persone, volontari compresi.

La sveglia era all'alba e ognuno aveva il suo compito. Franco doveva spalare la cacca delle vacche per farne concime, mungerle, foraggiarle e tenere in ordine la stalla.

Cinque sigarette al giorno, niente alcol né vino. La sera si cenava, si sparecchiava, si lavavano i piatti e poi ci si ritirava nella propria stanza, dove si crollava dalla stanchezza. Il giorno seguente si ricominciava tutto da capo.

Con questi ritmi era difficile avere il tempo di pensare a qualcos'altro, l'unica nemica era la tenuta fisica e psichica, considerata anche la pressione che esercitava sugli ospiti il controllo costante dei volontari.

Eppure l'atmosfera tra i ragazzi era distesa, nacquero solide amicizie.

Quando chiamavo per avere notizie, mi prendeva sempre un inatteso ottimismo: tutto continuava ad andare per il verso giusto. Confesso che non ci avrei mai scommesso, Franchino ci stava sorprendendo.

Anche i volontari erano conquistati dalla sua tenacia e dalla sua simpatia.

Il clima di ritrovata serenità influì molto sul mio lavoro, addirittura si parlava di me come del prossimo conduttore di Sanremo. Ogni tanto, in qualche intervista, la faccenda di mio fratello tornava fuori e io ne parlavo con orgoglio, perché Franchino stava dimostrando che ogni figlio, ogni fratello, ogni amico può avere la forza di uscirne. Stava dimostrando un coraggio incredibile.

Con il tempo l'argomento cadde nell'oblio. Come diceva Bibi Ballandi, fa più rumore un albero che cade che mille che crescono.

Un anno passò in fretta, non ricordo dove fossi e cosa stessi facendo, ma ricordo benissimo la telefonata:

«Buonasera signor Panariello. Domani trasferiamo Franco a San Patrignano.»

Mi venne da piangere. Ce l'aveva fatta, quel testone ce l'aveva fatta! Aveva convinto tutti, anche i più scettici, come me. Era riuscito a resistere alle privazioni, alla stanchezza e alla mancanza dell'eroina.

Era presto per cantare vittoria, ma che fossimo in vantaggio era innegabile: Franchino 1 - Muccioli 0.

Il cigno era pronto per essere convocato in Nazionale.

La fuga

«È scappato.»

La notizia mi arrivò a qualche mese dal suo ingresso in comunità, mentre stavo facendo le prove per una data di *Torno sabato*. Non fu come un fulmine a ciel sereno, l'avevo temuto così tanto, l'avevo immaginato così spesso che mi sembrò quasi inevitabile.

Nonostante quello che si diceva, San Patrignano non era Fort Knox, se uno voleva andarsene poteva farlo abbastanza agevolmente.

Certo, se se ne fossero accorti prima avrebbero fatto il possibile per convincerlo a restare, ma eravamo stati noi a pregarli in ginocchio per un posto, non si erano presentati a casa nostra con un mandato. Detto questo, era subito scattata la ricerca dei volontari, perché Franco era sotto la loro responsabilità, anche giuridica.

Nonostante tutto, non riuscirono a trovarlo.

La prima reazione fu un senso di delusione cocente. Lo consideravo un fallimento anche mio e faceva male. Ero riuscito a vedere mio fratello con occhi diversi dopo la sua stoica permanenza nella casa famiglia di Trento e dopo il suo ingresso in comunità. Forse non avrei puntato tutto sul fatto che avrebbe resistito per i quattro anni che servono al recupero, ma che avesse retto solo qualche mese non me lo sarei mai aspettato.

Sperai che se ne fosse andato perché spaesato dal passaggio dalla piccola casa famiglia a una grande comunità super organizzata. Pensai fosse come lasciare il paesello e trasferirsi in città, cambiano i ritmi, le abitudini e intorno non hai più gli amici della parrocchia ma un sacco di persone diverse che devono imparare a sopravvivere.

Invece scappò per l'eroina, semplicemente. Avevo sopravvalutato Franco e sottovalutato lei. L'astinenza e il desiderio di farsi avevano rimesso tutto in discussione.

Era arrivato fin lì per cocciutaggine, per dimostrare a Muccioli, a me e ai suoi detrattori che avrebbe potuto farcela, non era un chiacchierone, le palle ce l'aveva eccome. Ma era riuscito a convincere tutti meno che sé stesso. Così, una volta data la dimostrazione, gli era venuta a mancare la motivazione. E una sera scappò. La fuga durò poche ore, il tempo di farsi un giro per la riviera romagnola e una dose.

Subito dopo, maledicendosi per il disastro che aveva combinato, si era consegnato alla prima caserma dei carabinieri che aveva trovato.

Lo andammo a riprendere.

Con San Patrignano era finita: i volontari erano dispiaciuti, anche loro erano convinti che Franco avesse tutte le possibilità per arrivare fino in fondo, ma le regole erano chiare e vi si attennero.

Mio fratello era mortificato dall'ennesima manifestazione della sua incancrenita debolezza.

Anche noi lo eravamo. Avevamo perso ogni speranza in modo definitivo. L'idea di ricominciare tutto dall'inizio ci sembrava un'impresa più che disperata, inutile.

Franco capì di aver perso l'ultima occasione e la nostra fiducia. Dopo essere rimasto qualche giorno a casa nostra, se ne andò dicendo che voleva trovare un lavoro in Versilia. Sapevamo che voleva avere la possibilità di distruggersi in pace, lontano dai nostri occhi.

Cercai di convivere con l'idea di avere un fratello destinato al suicidio, c'era solo da capire per mano di chi: uno spacciatore che lo avrebbe mandato in overdose, una siringa infetta che gli avrebbe passato l'AIDS, in quegli anni dilagante tra i tossicodipendenti.

Per un lungo periodo mi lasciai distrarre dal lavoro, tentai di convincermi che avevo fatto quello che potevo; se quella era la sua scelta, io non ero l'uomo giusto per cambiarne il destino.

Ero incazzato. Non ne volevo più sapere di lui, del metadone, dei soliti eterni tentativi di modificare il corso delle cose. Si dicesse pure che ero un egoista.

Anche lui lo era.

L'argomento Franco per me diventò un tabù.

Finalmente l'amore

Cominciarono a lavorarmi ai fianchi, prima qualche amico, poi Elena, poi quelli che lo conoscevano. Mi facevano arrivare all'orecchio notizie sullo stato di mio fratello: era tornato a vivere come un barbone, forse anche peggio, ed era entrato in un giro di spaccio molto più pericoloso di prima. Dormiva sulle panchine della stazione, perdeva i sensi davanti al bar, barcollava per strada completamente ubriaco, si aggirava lercio tra la gente a chiedere l'elemosina. Era dimagrito, pallido, malato. Dall'occhio storto non ci vedeva quasi più. Dicevano che se lo avessi incontrato non l'avrei riconosciuto.

Non riuscivo più a liberarmi da quelle immagini, mi tormentavano, soprattutto la notte, quando la pressione dei numerosi impegni si allentava e lasciava spazio all'angoscia che sentivo per lui.

Mi convinsi a tentare l'ultima carta: parlare di nuovo con Andrea Muccioli. Era una flebile fiamma di speranza. Senza, sarebbe stato il buio totale.

Chiamai il volontario al quale Franco era stato affidato e che provava nei suoi confronti un affetto sincero, tanto che dopo la fuga aveva continuato a tenersi in contatto con noi per avere sue notizie. Lo pregai di aiutarmi a convincere Muccioli a incontrarmi.

Non ce ne fu bisogno. Il suo intervento doveva essere stato molto convincente perché da lì a poco ricevetti una telefonata: Franco poteva tornare in comunità, sarebbe stata però la sua ultima, definitiva possibilità.

Non ho mai saputo cosa li spinse a questa decisione, in fondo quella di mio fratello era la storia di tanti. Qualcosa di lui li aveva colpiti nel profondo.

San Patrignano, pur con le sue regole, i suoi comandamenti, le sue leggi applicate a tutta la comunità, sapeva stabilire con ogni ospite un rapporto speciale, che teneva conto dell'identità di ciascuno. Gli ospiti erano esseri umani con sensibilità diverse, capacità diverse, caratteri diversi e una debolezza in comune.

Franco era riuscito a farsi voler bene, forse anche odiare da chi avrebbe voluto da lui una forma di sottomissione. In entrambi i casi, aveva colpito al cuore.

La sua fuga aveva lasciato tutti con l'amaro in bocca, tuttavia il gesto di consegnarsi ai carabinieri chiedeva clemenza, come a dire: "Ho sbandato, lo so, ma ho capito la lezione".

Avevamo pietà per il meglio che eravamo riusciti a intravedere, nascosto da tutto il peggio che un uomo può dare di sé.

Ora non restava che ritrovare mio fratello, toglierlo dalla strada, riportarlo alla ragione, ripulirlo per l'ennesima volta, prendere a ombrellate qualche spacciatore, riempire per mesi un bicchierino di plastica di metadone, fare le analisi per accertarsi che non avesse contratto qualche malattia virale e incrociare le dita.

Ci arrivò la notizia che Franco si spostava insieme ad altri barboni nei pressi di un grande magazzino, a Massa.

Arrivati sul posto, di notte, dovemmo fare i conti con l'omertà dei suoi colleghi, che non ne volevano sapere di dirci dove avremmo potuto trovarlo. Bastò allungare dei soldi per farli parlare.

Lo trovammo appena in tempo: sdraiato sopra dei cartoni umidi, in overdose.

Lo caricammo in macchina e ci dirigemmo verso casa. Portarlo in ospedale avrebbe creato ulteriori problemi con la polizia, così allertammo Dante, l'amico medico. Franco vomitò per tutto il tragitto, non riusciva a riprendersi. Temetti che fosse troppo tardi.

A casa, Dante se ne prese cura e fece tutto il necessario. Dopo una notte insonne a vegliarlo, diede segni di miglioramento. All'ora di pranzo si era rimesso in piedi.

Ci attendeva un lungo cammino.

Questa volta Franco era animato dalla consapevolezza di essere un privilegiato, perciò ogni fase del processo filò via liscia, permettendomi di tornare a concentrarmi sul lavoro.

Ero in un momento delicato, i tempi della beata incoscienza dell'esordio erano finiti ed erano cominciate le ansie per i dati d'ascolto e per gli incassi al cinema. Non ero più una piacevole sorpresa, ero qualcuno ormai, e quando sei qualcuno devi lottare per continuare a esserlo.

Franco si reinserì in comunità con un enorme spirito di abnegazione. Ricominciò dal lavoro fisico, smussò il lato più selvaggio del suo carattere, cercò di non cacciarsi mai nei guai e di fare quello che gli veniva chiesto.

Concluse il suo apprendistato da caldaista. Dopo qualche anno faceva dei lavoretti fuori, si guadagnava le sigarette e altre piccole comodità.

Mi diedero il permesso di andare a trovarlo e portai anche il mio spettacolo nell'auditorium della comunità.

Eravamo fieri l'uno dell'altro, trascorrevamo del tempo insieme e per la prima volta dopo tanto era un buon tempo, stavamo bene, ridevamo.

Durante una visita mi confessò che stava nascendo qualcosa con una ragazza della comunità. In pratica, si era innamorato pazzamente. Non aveva perso l'abitudine.

Le ragazze vivevano separate dagli uomini, ma c'erano degli spazi comuni e non mancavano le occasioni di incontrarsi a qualche spettacolo o a un evento organizzato a San Patrignano.

Lei lavorava al bar come cameriera e ovviamente aveva trascorsi di tossicodipendenza. La presi come una cosa inevitabile: dopo anni di astinenza, anche sotto quel punto di vista, Franco stava ritrovando una vitalità.

A causa delle condanne da scontare, rimase sei anni in comunità. Alla fine era un uomo nuovo, nel vero senso della parola: gli avevano aggiustato i denti e con una delicata operazione gli avevano raddrizzato l'occhio, anche se non erano riusciti a recuperarne la vista.

I cambiamenti nell'aspetto lo avevano portato a una rinnovata sicurezza con l'altro sesso. Era tornato a essere un uomo interessante.

Quella che sembrava una scintilla si rivelò in realtà un fulmine. Uniti da un percorso di vita simile, decisero che una volta fuori avrebbero continuato il loro viaggio insieme.

La prospettiva faceva crescere in Franco il desiderio di uscire dalla comunità, si sentiva del tutto recuperato e non vedeva l'ora di crearsi una vita sua.

Non lo biasimavo, ma tentai in tutti modi di fargli capire che la vita fuori non sarebbe stata semplice, non ci sarebbero stati i tutor a sostenerlo nella reintegrazione. Con i suoi precedenti poi, sarebbe stato improbabile trovare subito un lavoro che potesse garantirgli il sostentamento. Lo invitai più volte a pensarci bene, ma era chiaro che non potevo trattenerlo in comunità ancora per molto.

Anche Muccioli e i volontari cercarono di dissuaderlo. Pensavano che i due non avessero abbastanza carattere per supportarsi reciprocamente nell'eventualità di un fallimento sociale. Anni di sostanze e psicofarmaci avevano messo a dura prova il loro stato psichico, alla prima crisi uno dei due sarebbe potuto crollare, trascinando l'altro con sé.

Sarebbe stato meglio avere accanto persone estranee alla loro forma mentale, che avrebbero potuto garantire un reinserimento graduale. Altrimenti, sarebbe stato un salto nel vuoto. Ma per Franco il pericolo era il pane quotidiano, non si spaventava di fronte a un progetto di famiglia, ora che poteva averne una.

Fu irremovibile: avevano pagato i loro debiti, erano liberi, erano adulti.

E così uscirono mano nella mano dai cancelli di San Patrignano.

Naturalmente si presentarono a casa mia. Qualsiasi fossero i loro progetti, includevano me e da buon fratello non mi sarei certo potuto tirare indietro. La famiglia di lei non aveva le possibilità economiche di farsi carico della giovane coppia, restavo io.

Dopo un paio di telefonate trovai un monolocale in affitto a Prato, vicino a casa mia, così da poter essere a disposizione nel caso di necessità.

La situazione mi irritava, anche se non lo davo a vedere. E non per una questione pratica, in quel periodo guadagnavo molto, ma perché mi sembrava sbagliato. Se n'erano fregati dei miei consigli, delle mie titubanze e avevano fatto di testa loro con la certezza che mi sarei occupato io di ogni cosa, come se fosse un atto dovuto.

Nonostante tutto, la luce che vidi nei loro occhi quando entrarono nella piccola dimora fatta di un letto, una cucina e un bagno, mi ripagò di ogni cosa. Erano bambini davanti a un regalo tanto desiderato, erano i bambini di Zanzibar davanti al mare.

L'alcova non era granché ma era solo loro, avrebbero potuto abbracciarsi, fare l'amore, parlare a bassa voce di cosa avrebbero fatto il giorno dopo, e quello dopo ancora. Tutto era nuovo, da inventare. Avrebbero cenato da soli, guardandosi negli occhi e ridendo delle loro inadeguatezze. Avrebbero visto un film, o forse no, avrebbero di nuovo fatto l'amore. Si sarebbero addormentati insieme, stanchi.

E questo, per ora, sarebbe stato più che sufficiente.

Lo era anche per me.

Li lasciai soli, c'era tutto il tempo per svegliarli. Li lasciai volare, c'era tutto il tempo per riportarli sulla terra.

Il signor Panariello

Finita la luna di miele, arrivò il momento di fare i conti con la realtà.

Ero appena uscito dall'ennesima estenuante cavalcata televisiva e mi concessi un po' di tempo per godere la pace della mia casa toscana e dei miei due cani, Zeus e Crusca. Lui, un pastore tedesco di grossa stazza, e lei, una meticcia adottata dal canile. Zeus è stato il mio primo cane, lo avevo preso dalla cucciolata di un amico subito dopo essere andato ad abitare nella campagna di Prato, in riva al fiume Bisenzio. Pensavo che in un giardino grande fosse necessario un cane, come una cosa quasi obbligata, complementare, un accessorio indispensabile. Non sapevo che Zeus si sarebbe preso il mio cuore. Me ne innamorai perdutamente. Con lui imparavo un mondo straordinario fatto di sguardi, di istinti, di odori, di silenzi, di gesti e scoprivo di poter avere una comunicazione profonda senza aprire bocca. I cani ti amano gratis, se non in cambio di qualche crocchetta. Sono capaci di un affetto a volte sconosciuto agli esseri umani. Quante mogli ti saltano addosso felici solo perché ti sei allontanato due minuti per buttare la spazzatura?

Grazie a Zeus è poi arrivata Crusca, direttamente dal canile.

Franco aveva un ottimo rapporto coi cani, ci giocava sempre e ne trovava giovamento. Era una simpatia reciproca manifestata da uno scodinzolare felice ogni volta che mio fratello entrava dal cancello. È il loro istinto, intuiscono subito con chi hanno a che fare, non giudicano ma sanno capire, indipendentemente dalla fedina penale. Vederli insieme mi dava gioia.

In una domenica di sole in cui lui e la sua ragazza erano venuti a farci visita, affrontai l'argomento:

«Franchino, adesso ci vuole stabilità, un terreno solido su cui costruire la tua famiglia.»

Cominciammo a pianificare, a immaginare un progetto per il futuro, che per lui, abituato a vivere alla giornata, era come organizzare un viaggio su Marte.

La prima cosa da fare era trovarsi un lavoro: avere un piccolo stipendio gli avrebbe permesso di essere autonomo. Aveva appena passato la quarantina ed era il momento che si prendesse le sue responsabilità.

Franco sapeva che era la direzione giusta e si diede molto da fare: cercò dove e come poté, batté tutte le strade.

A ogni rifiuto leggevo la frustrazione nei suoi occhi e vedevo la sua determinazione sgretolarsi. Avevo paura che vacillasse.

Il problema era che chi lo avesse assunto avrebbe dovuto inquadrarlo come operaio, non come apprendista. Sapevo che sarebbe stato quasi impossibile, ma dovevo a tutti i costi stimolarlo perché la sua mente non tornasse a percorrere sentieri pericolosi.

Non avevamo chance con un estraneo. Chiunque decidesse di dargli una possibilità doveva essere per forza un amico o un conoscente. Io poi non volevo alzare il telefono e spendere la mia parola fino a quando Franco non avesse dato prova di essere affidabile.

Visto che a San Patrignano aveva imparato a fare il caldaista, parlai con Carlo, il mio idraulico di fiducia, e gli chiesi se avesse bisogno di un assistente, anche per piccoli lavoretti. Frequentando casa mia durante la ristrutturazione, aveva avuto modo di conoscere mio fratello e si erano intesi subito.

Accettò di buon grado di metterlo alla prova. Più che la simpatia, in realtà, poté il talento calcistico: Carlo aveva una squadra di calcetto e si assicurò le prestazioni del Cigno in tutti i tornei amatoriali in giro per la Toscana. Di mio fratello apprezzava il calciatore molto più che l'idraulico. Forse avrebbe perso dei clienti, ma avrebbe vinto qualche partita in più.

Così Franco cominciò a riempire il frigorifero, anche se con poco cibo e qualche birra di troppo.

La piccola alcova di Prato iniziava a stare stretta ai due innamorati che parlavano di trasferirsi in un appartamento più grande, magari a Firenze, vicino ai genitori di lei. Anche per una mera questione di campanile, per un fiorentino vivere a Prato era come per un livornese vivere a Pisa.

Capivo la necessità di avere uno spazio più grande di un monolocale, solo che le spese sarebbero aumentate e, trasferendosi, Franco avrebbe dovuto lasciare il suo lavoro da caldaista. A Firenze poi la vita era più cara, senza contare i costi da sostenere per entrare in una casa nuova. Stavano facendo il passo più lungo della gamba? Con quali garanzie avrebbero chiesto un finanziamento per un affitto? Come avrei fatto a tenerli sott'occhio se fossero andati a Firenze?

Ero tormentato dalle domande e presi tempo, cercando di farne prendere anche a loro.

In modo del tutto provvidenziale scese in campo Roberto, uno dei miei più grandi amici. Ci eravamo conosciuti in occasione di *Vernice fresca*, di cui era stato il primo sostenitore. All'epoca era imprenditore nel settore dell'abbigliamento, entrò come sponsor e il suo investimento fu decisivo per garantire la messa in onda. Se siamo riusciti a fare quello che abbiamo fatto, a essere quello che siamo diventati, è anche grazie a lui.

Mi rivolsi quindi a lui, anche se ero in imbarazzo nel chiedergli un favore così grosso. Però avevo un piano: lui avrebbe assunto mio fratello e io avrei fatto fronte personalmente al suo stipendio.

«Non se ne parla. Lo assumo e lo pago» fu la sua risposta.

«Non posso accettarlo, voglio passarti io il suo stipendio, l'importante è che Franco non lo venga mai a sapere. Voglio che si senta impegnato, non mantenuto» obiettai.

Come ogni bravo imprenditore, Roberto fu risoluto e chiuse la questione:

«Mandami tuo fratello lunedì.»

Lo assunse a tempo indeterminato. Significava una busta paga, contributi, ferie pagate, malattia, liquidazione.

Credo di aver provato un sollievo pari a una donna che ha appena partorito. Non avrò mai parole adeguate per ringraziarlo.

Festeggiammo la notizia con una bella cena, parlammo molto, pregai Franco di rendere onore a un uomo che stava facendo per lui quello che non avrebbe mai fatto per altri. Promise che non ci avrebbe delusi, gettò qualcosa da mangiare a Zeus e si commosse alle lacrime.

Forse quella notte, tra le mura del piccolo appartamento, faticò a prendere sonno. Lo immaginai con gli occhi aperti nel buio, a elencare tutte le opportunità che quell'impiego gli offriva. Avrebbe aperto un conto in banca e con la busta paga avrebbe potuto chiedere il mutuo per la nuova casa. Avrebbe avuto un terrazzo o anche un piccolo balcone, dove fumare in pace una sigaretta al fresco delle notti fiorentine. Avrebbe fatto alla fidanzata qualche regalo, l'avrebbe portata in vacanza al mare, o forse no, in montagna perché lui mal sopportava il caldo. Si sarebbe comprato le scarpe che gli piacevano tanto e a lei una borsetta, o un braccialetto d'oro. Al ristorante lo avrebbero chiamato signor Panariello, come facevano con me.

Si addormentò sperando che al suo risveglio fosse già lunedì.

I demoni e gli indiani

E il lunedì arrivò. Lo passarono a prendere dei colleghi di lavoro. Il suo posto era il magazzino, si trattava di classificare e dividere i capi d'abbigliamento, metterli nelle buste e poi negli scatoloni che li avrebbero fatti viaggiare in Italia e nel mondo. Il magazzino doveva essere sempre in ordine. Un lavoro stancante, semplice, in un ambiente familiare e amichevole. Tutto era tornato al suo posto.

Mi tranquillizzai.

Quando i piccioncini mi comunicarono di aver trovato uno spazioso appartamento nell'immediata periferia di Firenze e mi chiesero di anticipare la caparra, i primi due mesi e qualche altra spesa necessaria, lo feci felice perché non avevo più nessun dubbio sulla loro affidabilità.

A Franco serviva un'auto per poter andare al lavoro, ma non aveva nemmeno la patente. Si iscrisse a scuola guida e dopo un paio di tentativi, riuscì a prenderla. Ora mancava solo qualcosa da guidare. Percepiva lo stipendio da un paio di mesi, sul conto non aveva il necessario per far fronte alle rate. Anticipai.

Ora ero io che nella notte, con gli occhi aperti nel buio, cercavo di elencare quali altre spese avrei dovuto sostenere per aiutare mio fratello a decollare. Aveva tutto: una fidanzata, una casa, un lavoro, un'automobile e non si drogava più. Allora cos'era il prurito che ogni tanto sentivo dietro la nuca, la sensazione di pericolo che mi prendeva lo stomaco, come quando hai la percezione che il nemico sia lì, acquattato, e tu non riesca a vederlo? Una delle leggi del selvaggio West dice che quando c'è troppo silenzio, gli indiani sono nascosti da qualche parte pronti ad attaccare.

Alla fine mi convincevo che quella paura era figlia legittima delle troppe delusioni e tornavo a occuparmi delle mie cose, convinto di aver fatto quel che dovevo e che fossimo sul binario giusto.

La pace durò poco più di un anno, poi cominciarono a mostrarsi i primi cedimenti di un'impalcatura costruita sulla sabbia. Il loro rapporto s'incrinò.

Non avendo avuto il tempo di conoscersi a fondo prima di affrontare una vita insieme, affioravano delle insoddisfazioni. Si manifestavano con qualche scaramuccia, anche in mia presenza, tratta dal repertorio di una normale convivenza. Era la punta dell'iceberg, perché poi ognuno di loro, in assenza dell'altro, lo accusava di aver cominciato a darci sotto con l'alcol.

Lui mi diceva che lei passava il giorno a scolarsi litri di birra e spendere soldi in cazzate, lei sosteneva che lui, appena tornava a casa, mangiava poi si metteva davanti alla tv a bere una birra dietro l'altra, spesso accompagnate da una cannetta. Poi si buttava sul letto e crollava, crollare era l'unica cosa che riusciva a fare a letto.

Io credetti a tutt'e due. E iniziai a preoccuparmi, non per le scarse prestazioni amorose di mio fratello né per il fancazzismo di lei, in fin dei conti erano problemi loro, quanto per il fatto che avessero ricominciato a bere. La voglia di sballo era uscita dalla porta e rientrata dalla finestra, o forse non se n'era mai davvero andata.

Mi convinsi che una sbornia ogni tanto fosse il male minore, il rischio era che potessero esagerare, visto che i due non erano certo campioni di autocontrollo.

Più il tempo passava, più la situazione degenerava. In pochi mesi si passò da "la mia fidanzata" a "quella testa di cazzo". Le litigate entrarono nel menu del giorno e i vicini divennero spettatori di violente sfuriate, alimentate dal carburante fornito in pratiche lattine da 33.

I demoni si risvegliarono di colpo e si accorsero di avere terreno fertile nelle fragilità di Franco. Decisero di manifestarsi laddove ci fosse la possibilità di rovinargli di nuovo la vita.

In magazzino era sempre più nervoso, mandava a quel paese chi si permetteva di fare osservazioni sul suo lavoro. In qualche occasione rischiò di venire alle mani. Capitava poi che la mattina non si presentasse, adducendo malattie inesistenti. La fortuna di avere avuto un posto di lavoro come quello gli si ritorse contro e diventò il marchio dell'irriconoscente.

Il tanto desiderato appartamento fiorentino gli ricordava di continuo il suo debito nei miei confronti e il senso di fallimento tornò a tormentarlo. Allora ricorreva all'alcol nella speranza di anestetizzarsi, ci voleva ben altro per scacciare i demoni dalla sua testa.

Una sera bevve fino a svenire ed entrò in coma etilico. Si salvò per l'intervento tempestivo dell'ambulanza e dei medici del pronto soccorso.

Il giorno seguente non si presentò al lavoro, fu la goccia che fece traboccare il vaso. Roberto mi chiamò per mettermi al corrente della situazione con delicatezza. Fu una doccia fredda, fino a quel momento non avevo sospettato nulla.

Mi consigliò di parlare con Franco, di riportarlo alla ragione. Lui non avrebbe potuto difenderlo a lungo dai suoi dipendenti, senza perdere la propria credibilità presso di loro.

Fu per rispetto nei confronti di Roberto che raschiai il fondo della mia sopportazione per trovare un rimasuglio di motivazione con cui affrontare mio fratello e dargli un minuto ancora di fiducia.

Ero stanco di credere a chi non sapeva credere nemmeno a sé stesso.

Avevo una gran voglia di mandarlo a quel paese, ma ormai ero sulle montagne russe, potevo solo chiudere gli occhi e sperare che la picchiata fosse meno violenta possibile.

Il cigno nero

«Ho sfasciato la macchina.»

All'altro capo del telefono avevo colto quasi dell'ironia, una mezza risatina strozzata. Pensavo scherzasse, e invece no: era finito contro un muretto. La parte anteriore si era accartocciata e il danno era di parecchio superiore al valore dell'auto. Patente ritirata per guida in stato di ebrezza e multa salatissima prelevata direttamente dal mio conto corrente.

Nel raccontarmi di persona l'accaduto aveva sorriso come un bambino che aveva commesso una marachella, sdrammatizzava. Aveva di nuovo smarrito la percezione delle cose. Avrebbe potuto comunicarmi di aver vinto la lotteria o di aver appena svaligiato una banca senza che l'espressione del suo viso cambiasse.

L'incidente generò un'ultima, violenta discussione e scrisse la parola fine alla sua tormentata storia d'amore. Non so quale espressione avesse quando si lasciarono.

Quando me lo disse si aspettava da me un "Te l'avevo detto", invece fui io a sdrammatizzare. Mi limitai a sorridere e a un laconico «Siamo di nuovo sulla piazza». Non me la sentivo di infierire, in più sapevo che niente gli sarebbe servito da lezione. Insistetti sul fatto che la cosa importante era non perdere la testa e cercare almeno di non perdere il lavoro.

Dopo pochi giorni arrivò alle mani con il capo magazziniere dell'azienda, Roberto si trovò costretto a licenziarlo.

Punto e a capo.

Ripensando all'episodio, mi convinsi che lo avesse fatto di proposito, che avesse voluto far precipitare gli eventi: voleva essere cacciato. Aveva bisogno di un pretesto per tornare a quello che si sentiva condannato a essere. Per lui non esistevano mezze misure.

O tutto era normale o niente doveva esserlo.

Ma cos'era la normalità per Franco? Era chiaro che per lui non aveva lo stesso significato che aveva per le persone comuni. Ormai, per lui, ogni cosa che rappresentasse stabilità – una famiglia, una casa, un lavoro – non era normale. Normale era vivere alla giornata, dormire dove capitava, sballarsi, stare da solo.

Arrivai a pensare che fossimo noi quelli sbagliati, così intrappolati nei nostri schemi mentali, nelle nostre convenzioni.

Era la storia del "cigno nero". Per secoli si era avuta la presunzione di credere che tutti i cigni fossero bianchi, fino a quando non si era scoperto che in una regione remota del mondo esistevano anche dei cigni neri. Ecco cos'era Franco, un cigno nero che voleva tornare verso la sua normalità.

Mi lasciò in consegna alcuni zaini pieni di cose che non gli servivano più e tornò a Massa, come un Cristo che si abbandona sapendo che tutto è compiuto.

Non ebbi la forza di trattenerlo e sperai si portasse via da Prato almeno un cantuccio di buon senso.

Sarebbe tornato nei luoghi della nostra infanzia, avrebbe ricercato i vecchi amici, quelli buoni e quelli cattivi. Beppe era un amico buono, che aveva avuto come lui momenti di smarrimento, ma era riuscito a riprendere in mano la sua vita. Ci conoscevamo bene e sperai potesse essere un approdo sicuro per Franco. Fui contento di sapere che erano tornati a frequentarsi e a fare insieme i giardinieri. Il lavoro non mancava, le ville versiliesi avevano parchi che necessitavano di manutenzione. La sera davanti a una bistecca e a un bicchiere di vino inventavano canzoni, Beppe suonava la chitarra e mio fratello si divertiva a scriverne i testi.

Per quanto cercasse di farlo sentire a casa, non durò: Beppe non riuscì a trattenerlo, Franco sparì dai radar e si confuse di nuovo tra le anime in pena in cerca di un paradiso.

Cercai di sostenerlo a distanza. Andava spesso al bar di un'amica per chiedere spiccioli e qualcosa da mangiare. Le lasciai un fondo cassa a cui poter attingere per aiutarlo. Aiutarlo era una cosa che tutti facevano volentieri, ma non volevo approfittarne.

Un giorno mi dissero che lo avevano visto di nuovo alla stazione a comprare eroina, era tornato alla sua vecchia compagna. Era tornato alla normalità.

Per sapere cosa accadde in seguito basta ripercorrere la sua storia fino a prima di San Patrignano: giacigli di fortuna, siringhe, barboni, spacciatori, droga, alcol. Tutto come se niente fosse successo da quando si era bucato per la prima volta. Quello che di buono aveva fatto era stato solo un intervallo tra il primo e l'ultimo buco.

Per me fu durissima, molto peggio di tutte le volte in cui c'era ricaduto: quello che avevamo passato insieme, vicini o lontani che fossimo, ci aveva legato con un nodo assoluto. Era un commilitone con cui avevo affrontato la guerra, eravamo sopravvissuti insieme. La distanza tra noi si era colmata e lo sentivo vicino. Avevo provato quello che si può provare con un vero fratello: orgoglio, rabbia, amicizia, odio, complicità, intesa, divertimento, affetto, gioia e apprensioni.

Non eravamo più fratelli unici.

Non riuscivo più a rassegnarmi al fatto che tutto sarebbe finito come doveva, che un finale diverso fosse impossibile.

Non c'erano solo cigni bianchi.

Exodus

Con l'aiuto di Beppe e dell'amico volontario che già ci aveva sostenuto una volta in fase di disintossicazione, riuscii a scovarlo. Era imbottito di eroina, sdraiato sopra un materasso lurido e sepolto sotto una coperta dai colori sbiaditi. Puzzava di tutto.

Lo trascinammo via. Sapevo che avremmo dovuto ripercorrere tutto il calvario di rinunce e sofferenze, stavolta però conoscevo il percorso e lui l'avrebbe fatto di nuovo, che volesse o no. Non aveva più scampo né scuse. Qualunque cosa fosse successa, non sarebbe stata in un carcere o tra i rifiuti.

La mia nuova speranza si chiamava don Mazzi. A dispetto del suo aspetto mite, era dotato di una grinta, una determinazione, una personalità che dovrebbero avere tutti quelli che percorrono la via dell'accoglienza e della lotta all'emarginazione.

La sede della sua comunità, Exodus, era cascina Molino Torrette, a Milano, dentro il Parco Lambro.

Ci andai insieme a Franco, per un appuntamento, dopo aver contattato don Mazzi attraverso un'amica comune.

Il suo approccio fu del tutto diverso da quello di Andrea Muccioli. Fu gentile e premuroso nel mostrarci con orgoglio la comunità e i volontari che ne garantivano l'efficienza, fu anche molto chiaro e risoluto con mio fratello. Gli disse che la porta di Exodus era sempre aperta, sia per entrare sia per uscire. Franco poteva andarsene quando voleva, nessuno lo avrebbe costretto a rimanere, se non la sua stessa volontà. Come a San Patrignano, c'erano un sacco di attività per tenere il cervello impegnato, lì però si respirava un'aria più intima. Sembrava quasi di ritrovarsi tra amici per un fine settimana in campagna. Sperai che la dimensione meno militaresca, in una comune sempre a stretto contatto con il suo fondatore, potesse essere la soluzione.

Franco ci rimase tre anni, senza tentennamenti né indecisioni.

Ormai veterano delle comunità, si era integrato bene con gli altri. Li portò anche a un paio di miei spettacoli, quando ero in scena a Milano.

Periodicamente sentivo don Mazzi, che mi aggiornava sui progressi e anche sui momenti più delicati che mio fratello attraversava.

Negli ultimi mesi della sua permanenza andai a trovarlo e percepii tutta la sua serenità: si era finalmente ritrovato, riconosciuto come uomo, aveva capito che oltre all'oggi esisteva anche il domani, quando invece per lui pensare a fine mese era sempre stato come pensare a un'altra vita.

Aveva mille progetti, aveva voglia di dimostrarmi quanto mi fosse riconoscente. Aveva capito quanto potesse essere bello volare, con i piedi per terra.

Quando uscì mi chiese l'ultimo favore: voleva stabilirsi in Versilia dove avrebbe ripreso la sua attività di giardiniere insieme a Beppe, ma non voleva approfittare della sua disponibilità, quindi mi pregò di aiutarlo ad affittare un piccolo appartamento.

Questa volta mi mossi animato da una certezza istintiva. Sono un artista e l'istinto è sempre stato la fonte della mia creatività, sentivo che stavo facendo la cosa giusta.

E così fu: trovammo un appartamento a Pietrasanta, a pochi chilometri dal mare. Si trovava in un condominio tranquillo, le vicine di casa erano due deliziose signore che lo presero subito in simpatia.

Cominciò a darsi da fare con Beppe, oltre alle piante riuscì a dare fertilizzante anche al suo conto in banca che nel frattempo si era completamente essiccato.

Mani di forbice

Arrivammo a Natale.

Lo invitai a trascorrere qualche giorno a casa mia. Arrivò il 22, per cena. Mi portò un libro di poesie che aveva scritto insieme a un amico giornalista, c'era il suo lato più nascosto, più privato e la sua straordinaria capacità di usare le parole.

Gli raccontai i miei progetti futuri, le idee per un film, il nuovo spettacolo teatrale. Mi ascoltava con attenzione e questa volta mi sentiva davvero, faceva domande precise, puntuali. Era calmo e riflessivo, sembrava più grande dei suoi cinquant'anni compiuti da un mese. Si guardava intorno curioso, assaporava il momento insieme come si fa con un vino buono, sembrava quasi volesse dirmi: "Quanto tempo abbiamo perso io e te".

Era cambiato, del tutto. Beveva solo aranciata, a parte un bicchiere di prosecco per un brindisi. Forse lo faceva per compiacermi o perché temeva che anche solo un'innocua bevutina potesse riaccendere la miccia, sta di fatto che non toccò alcol.

Mi raccontava come trascorreva le giornate in Versilia e lo faceva con la gioia di chi ha scoperto un nuovo continente. Non so se fosse felice, stava bene. Mi disse che aveva ripreso a giocare con una squadra di calcetto, mi parlò di Beppe e della sua famiglia, dell'affetto e l'ammirazione che aveva sempre avuto per lui, mi raccontò delle canzoni che avevano scritto insieme e disse che un giorno avrei dovuto proprio portarle a qualcuno in Rai, perché se cantate da uno bravo avrebbero avuto successo sicuro.

«Hai una fidanzata?» chiesi a bruciapelo.

«Ma che! Sei matto?» rispose subito. «Ci faccio quello che devo e poi le mando a casa.»

E attaccò con la sua risata roca.

Ricordammo alcuni episodi tragici del passato e ci fecero sorridere. Il vichingo, il gatto sulla spalla, la litigata sull'autostrada in Calabria in piena notte, i suoi disastri come assistente, la mia faccia quando pagai il conto delle sue bevute al bar con l'intero guadagno di una serata, il suo tentativo di piantare all'alba un ramo di mimosa, cosa che neanche si ricordava di aver fatto.

«Potresti scriverci un libro» concluse, passando una carezza sulla testa di Zeus, accucciato ai nostri piedi, mentre Crusca russava rumorosamente sul divano.

Quando era distratto, lo spiavo. Cercavo i segni di una bugia, i contorni di una maschera, un movimento falso, una verità repressa. Non li trovavo. Era tornato a essere sinceramente innamorato della sua vita, dopo aver tentato più volte di distruggerla. I segni erano ancora evidenti: il viso scavato, le rughe profonde della fronte dove si posavano delle macchioline rosse, come note su un pentagramma.

Dopo l'ultima boccata di sigaretta, propose di andare a dormire. Si sarebbe fermato anche il giorno successivo e avremmo avuto tutto il tempo per sparare cazzate, poi sarebbe ripartito per Pietrasanta, dove lo aspettavano le vicine di casa. Aveva promesso loro di passare insieme il giorno di Natale.

La mattina decise di lasciarmi il suo ultimo regalo, insistette per potare una pianta di alloro che era cresciuta troppo e aveva invaso il terreno del vicino. Si armò di una cesoia e cominciò a tagliare con disinvoltura, sembrava Edward Mani di Forbice.

Dopo mezz'ora, della pianta d'alloro non rimaneva che qualche spoglio moncone. Anche il vicino convenne che forse l'aveva potata troppo. Ci vollero anni perché tornasse a sembrare una pianta. Tutt'ora quando la guardo, rido fino alle lacrime.

Mi lasciò così quella mattina, mentre ancora stavo ridendo, e anche lui.

Ci abbracciammo, si sistemò la sciarpa intorno al collo, affondò le mani nelle tasche del giubbotto e se ne andò, con il suo incedere dondolante e l'inconfondibile gesto di sistemarsi i capelli.

Per la prima volta dopo tanti anni, avevo passato con lui un bellissimo Natale. Non sapevo che sarebbe stato l'ultimo.

Il destino

Dopo un incidente o una disgrazia, capita di chiedersi se si sarebbe potuto cambiare il destino delle cose, magari ritardando una partenza, facendo una telefonata.

In spagnolo uno dei significati di destino è "destinazione". Ecco, forse Franco era arrivato a destinazione, proprio lì, in Versilia, dove era iniziato lo sgangherato viaggio che è stata la sua vita.

Dopo aver trascorso il giorno di Natale con le vicine, il 26 dicembre aveva accettato l'invito di un amico per una cena di Santo Stefano con due ragazze, in un appartamento a Viareggio.

Non si sa come andarono veramente le cose, da quello che testimoniarono in seguito i tre, bevvero in maniera esagerata e mio fratello, non avendo più l'abitudine all'alcol, si sentì male. Perse i sensi e forse, visti i suoi trascorsi, gli altri pensarono che avesse ingerito qualche droga e che la faccenda stesse per finire male.

Qualcuno di loro apparteneva a una famiglia molto in vista e il corpo esanime che si ritrovavano in casa era quello del fratello di una persona famosa. Chiamare aiuto o un'ambulanza li avrebbe messi in una brutta posizione e avrebbe rovinato il Natale alle famiglie.

Sotto shock e privi di qualsiasi lucidità a causa della sbornia, fecero la cosa più stupida che potessero fare: lo caricarono in auto e invece di lasciarlo davanti al pronto soccorso, dove avrebbe potuto essere assistito, decisero di scaricarlo tra i cespugli del lungomare, davanti ai bagni Zara, come si scarica di nascosto un vecchio materasso.

Tanto prima o poi sarebbe finito così, perché quello è il posto di un drogato, in mezzo alla strada; tanto se la caverà anche questa volta, non muore mica, anzi, un po' di fresco lo aiuterà a riprendersi; non sarà la prima volta che rischia di morire, è abituato; questi drogati del cazzo si bucano, vanno in overdose, poi si riprendono e si ribucano di nuovo; vedrai che poi magari passa qualcuno che lo vede e chiama i soccorsi.

Mi sembra ancora di poter sentire i pensieri che passarono nelle loro teste annebbiate e vigliacche.

Poi, presi da un tardivo senso di colpa, ebbero un ripensamento e chiamarono la polizia da un telefono pubblico per segnalare che passando in quel punto avevano notato qualcosa, tra i cespugli, forse un uomo o un cane.

Così era arrivata una pattuglia e avevano trovato Franchino.

Qualsiasi tentativo di salvarlo fu inutile. Morì la notte del 26 dicembre 2011, cinquant'anni appena compiuti, senza neanche il conforto di un'ultima carezza. Morì tra le braccia gelide della strada che per troppo tempo era stata la sua compagna.

Il primo ad accorrere al capezzale di Franco fu Beppe, ancora prima che Carlo mi chiamasse la mattina del 27 dicembre. Le indagini per scoprire cosa fosse successo erano in corso e lui fu determinante per una svolta immediata.

Era l'unico a sapere dove fosse Franco e con chi. Li conosceva, aveva il numero di uno dei tre e chiamò. Approfittando del fatto che la notizia della morte non fosse ancora uscita, disse che avevano ritrovato Franco in fin di vita, per fortuna la polizia era arrivata in tempo e ora era ricoverato all'ospedale Versilia, a Lido di Camaiore, fuori pericolo.

Sollevati dalla notizia e per il terrore che potesse dire

qualcosa contro di loro, si precipitarono all'ospedale, tra le braccia degli agenti che li stavano aspettando ed erano pronti a interrogarli.

Dopo la mia visita all'obitorio per il riconoscimento, fu disposta l'autopsia.

Franco non era morto a causa di un'overdose, come titolarono i giornali, ma per ipotermia. Lo aveva ucciso il freddo. Mi sembrava un motivo sufficiente perché i tre fossero condannati a qualche tipo di pena, e ci costituimmo parte civile al processo chiedendo che l'imputazione fosse di omicidio doloso e non semplice omissione di soccorso, come aveva stabilito il pubblico ministero.

Ero convinto che ci fosse una sostanziale differenza tra l'omettere di aiutare una persona in difficoltà e l'abbandonarla a sé stessa provocandone la morte.

Non partecipai ai processi per non sollevare troppa polvere, ne seguivo l'andamento attraverso i miei avvocati. In primo grado ottenemmo la condanna per omicidio colposo, in poche parole lo avevano lasciato morire ma non era stata riconosciuta l'intenzionalità del reato, non l'avevano fatto di proposito. Ricorremmo in appello e in secondo grado fu confermato l'omicidio colposo. Il ricorso in cassazione andò ancora meglio per loro: tornarono a essere condannati per la più blanda omissione di soccorso. Sei mesi di pena per ciascuno e nemmeno un giorno dietro alla lavagna con le orecchie da asino.

Qualunque fosse stata la sentenza, sapevo che non mi avrebbe restituito mio fratello e, anche se sul momento fui preso dall'amarezza e dalla delusione, realizzai che la loro condanna sarebbe stata di gran lunga peggiore di quella comminata dal giudice: avrebbero vissuto per sempre con il rimorso, una vocina interiore che in ogni momento della giornata può svegliarsi e sussurrare: "Potevi salvarlo".

Ogni volta che sentiranno pronunciare il mio nome; ogni volta che qualcuno dirà: "Piacere, sono Franco"; ogni volta che una sirena risuonerà nella notte, la loro mente tornerà a quella sera, a quello che hanno fatto e soprattutto a quello che non hanno fatto. Questa è la loro condanna a vita, il loro ergastolo.

Franco ha avuto la sua giustizia agli occhi del mondo quando è stata dichiarata l'unica verità accertata di questa brutta vicenda: non è morto per una dose eccessiva, ma per un'eccessiva dose di fiducia negli altri.

Perché lui ce l'aveva fatta, aveva vinto, era il più forte, più della sfortuna, più degli abbandoni, più delle comunità, più degli spacciatori, più degli stenti, più della droga, più del destino, più di sé stesso. Più di me.

Lui, con un occhio storto e un polmone solo, aveva dato una lezione a tutti: si può morire a testa alta.

Il poeta

L'avevo cercato ovunque, nella libreria, tra i cassetti, in mezzo alle cartelle dei documenti, tra le collezioni di fumetti di cui ancora non mi decidevo a liberarmi per fare spazio a qualche lettura più consona alla mia età. Anche se non li colleziono più, mi concedo ancora qualche fumetto, mi fanno tornare ragazzino. I fumetti sono il primo approccio con la lettura, che poi cresce con te. Dopo i fumetti ho iniziato ad appassionarmi ai gialli, ai thriller. Verso i quaranta ho osato Herman Hesse: *Narciso e Boccadoro*, *Siddharta*, tanto per far vedere che facevo il bischero ma non ero un cretino. Persino Milan Kundera ha riposato per qualche settimana sul mio comodino. A cinquanta sono passato a Pirandello, Kafka, Svevo, Moravia, i libri con cui ti metti in pari e puoi fare bella figura durante una cena. Ti accorgi di essere anziano quando arrivi alle biografie. Quando leggi le vite degli altri significa che stai facendo un bilancio della tua.

Eppure quello che stavo cercando non veniva fuori.

Ero appena tornato a Prato dopo il funerale, avevo passato l'ultimo dell'anno con degli amici, senza nessuna voglia di festeggiare.

Per strada, mentre guidavo sotto un cielo cupo e carico di pioggia, mi ritrovai a pensare che di Franco non mi era rimasto nulla, a parte una foto sulle pagine di cronaca di un giornale o di un sito web. Niente che avesse un po' della sua anima, del suo odore, non un oggetto, una sciarpa dimenticata, un pacchetto di sigarette vuoto. Niente, tranne una cosa: il libro di poesie con il suo nome in copertina.

Aveva fatto pace con il suo cognome, il nostro, che per molti anni si era portato sulle spalle come un macigno, una pietra di paragone con cui era giudicata ogni sua azione. Subiva la condizione di "fratello di" come l'ultimo della classe subisce il primo. Poi era cambiato, era un uomo nuovo e aveva capito che la mia popolarità restituiva dignità al nome che lui aveva più volte scalfito e che poi aveva portato addosso con orgoglio. Si era alleggerito, aveva riacquistato fiducia in sé stesso. Allora aveva tirato fuori i suoi quaderni fitti di parole che non era mai riuscito a pronunciare, intrappolate fra le pagine di agende consunte.

Qualcuno lo aveva convinto a pubblicarli e lui aveva accettato, non tanto per un guadagno quanto per dimostrare che anche un altro Panariello aveva qualcosa da dire.

Quando me lo aveva portato, lo avevo sfogliato distrattamente. Era un libro di poche pagine con un titolo importante: *Nel nome della poesia invana*. Sapevo che Franco era bravo a scrivere, che aveva talento ma non ero riuscito a prendere la cosa seriamente:

«Abbiamo un poeta in casa.»

«Il Dante Alighieri dei poveri» si era schermito. «Le ho scritte quando ero di fuori. L'avrei dovuta chiamare la "commedia di vino"!» aveva aggiunto con la sua risata gracchiante per le troppe sigarette.

Avevo lasciato il libro sul tavolo della cucina, ripromettendomi di leggerlo senza mai farlo.

Era arrivato il momento, poteva essere una specie di testamento. Mi sforzavo di pensare a dove potesse essere. Mi attenni alla regola di chi vuole trovare qualcosa: smettere di cercarla. E dopo qualche giorno, ricordai di averlo prestato, ma non a chi. La soluzione mi venne incontro per caso parlandone con un amico.

«Lo avevi prestato a me. Ce l'ho io.»

Così il libro tornò nelle mie mani, per diritto di fratello dell'autore.

Era ancora più esile di quanto ricordassi, con la copertina arancione e il titolo scritto in nero. Leggerlo aveva adesso una altro senso, un altro sapore.

Alcune poesie erano lunghe, altre più brevi. Tutte bellissime.

Conoscendo le condizioni fisiche e psichiche in cui erano state scritte, il libro era un miracolo. Un prodigio di pensieri opachi che diventavano, per incanto, lucidi.

Mi sdraiai sul divano, fuori la nebbia era lo schermo di un cinema dove proiettare i miei ricordi. Dalla quarta di copertina Franco mi guardava truce, era il suo modo di ostentare sicurezza. Sotto la foto qualche parola di presentazione, con cui parlava di me, della musica, dei film biografici e del mare, quello che apprezzava specialmente d'inverno, quando tutti credono che non valga la pena di un viaggio. E terminava con queste parole: "Ho sempre vissuto la mia vita senza limiti, senza menomazioni ma, per fortuna, qualche eccesso ho imparato a eliminarlo. L'unico vizio che mi è rimasto è quello della sigaretta, non smetterei mai di baciarla, e quello della poesia, non smetterei mai di sognarla".

Mentre leggevo, cercavo di proiettare il viso di mio fratello sulla nebbia.

Le poesie erano ciò che mio fratello era stato.

Non c'è più il sole
In questa notte di stelle,
Per una sposa che sogna... un fiore, una rosa
Una croce di pietà senza speranza.
Stanotte non c'è
Il coraggio ribelle,
Non c'è più il sole
Ma un uomo stanco, in questo triste canto.
E scappi,
Lasciando che io muoia per te,

Non c'è più niente da rubare nel cuore
Niente da fare con il tempo,
Un lamento pigro
Senza tenerezza, senza fine.
Non c'è più il sole,
Non una chiesa dove pregare
E riposare le stanche braccia,
Ma solo gioia di tramonti perduti.
Non c'è più il sole, amore mio
Non ho un fratello, una donna,
Ho lasciato nelle loro mani
La voce delle confidenze.
Ora il dolore,
Vive nella solitaria malinconia,
Muore nell'ultima addormentata carezza.

Boati di silenzio

Il mare d'inverno è come un film in bianco e nero visto alla tv. Il verso di Enrico Ruggeri fotografa il panorama che mi scorre davanti mentre percorro in auto il lungomare della mia Versilia. In questi primi giorni di gennaio lo si riesce a vedere, altrimenti nascosto dagli ombrelloni, dalle macchine nei parcheggi. Lo scorgo tra i cancelli e le siepi degli stabilimenti balneari chiusi. Il tempo è bello e il tramonto può essere spettacolare sul finire di una giornata limpida, le Apuane sono così vicine da darti la sensazione che ti stiano guardando.

Mi piace girare da solo per i luoghi della mia infanzia, lo faccio spesso. Non ho mai voluto perdere i contatti con la mia terra. Parlo ancora il dialetto, anzi penso in dialetto quando devo farmi forza per prendere una decisione, superare un ostacolo, quando ho paura. È come se il Giorgio di allora mi ricordasse da dove sono venuto, il Giorgio che a fatica è riuscito a comprarsi la sua prima automobile, una Renault 4 blu scuro. Era stato come comprare una Porsche.

La Renault 4 era tristemente famosa perché era l'auto in cui avevano ritrovato il corpo senza vita di Aldo Moro. A ogni posto di blocco venivo fermato, come se tutte le Renault 4 dovessero nascondere il cadavere di un personaggio politico. Quando non mi fermava la polizia mi fermava la benzina. Non credo che la mia macchina si fosse mai tolta la soddisfazione di un pieno. La cosa che mi irritava di più era che mi lasciava a piedi mentre oltrepassavo un cavalcavia o un ponte, mai in discesa, sempre in salita. Sapevo che succedeva per la posizione del serbatoio, ma ho sempre preferito la spiegazione più romantica, cioè che la Renault avesse vita propria, un cervello pensante, e che mi stesse prendendo per il culo.

Lascio il lungomare e sono già a Cinquale. Ogni strada, ogni vicolo, ogni angolo mi ricorda qualcosa: un incontro, un bacio, una rissa, un addio.

Passo davanti alla chiesa di San Giuseppe e rivedo la Ma' posare per una foto che ancora conservo. È in piedi, con la messa in piega appena fatta e mi tiene in braccio. Avevo un anno e un paio di boccoli a forma di banana che andavano forte all'epoca.

Rallento per godermi quelle immagini e penso che nella piazzetta nascosta tra i pini sono successe alcune tra le cose più importanti della mia vita. È il posto dove feci il primo spettacolo tra la mia gente, dove Franco chiese il mio aiuto e dove l'ho salutato per l'ultima volta.

Non c'è nessuno in giro, solo silenzio. D'inverno qui ce n'è tanto, alle volte sono boati. Certi giorni si sente solo il suono del vento che accartoccia il mare e soffia gelido sulle pinete, sui tetti, sui giardini. Ogni cosa si ricopre di aghi di pino. Il silenzio avvolge i vecchi, ancorati ai tavoli dei bar con le carte in mano e il bicchiere sempre mezzo vuoto, i bagnini, pesci fuor d'acqua sul bagnasciuga di una trattoria, le donne a testa bassa con i pensieri nella borsa della spesa, perfino il prete in bicicletta che lo confonde con la pace in terra.

Tutto è cambiato. Dove c'erano la parrucchiera, il biciclettaio, il panificio, il negozio di alimentari ora ci sono appartamenti, casette bifamiliari, villette una addosso all'altra. Il campetto dove giocavamo a calcio adesso è un condominio. Stento addirittura a riconoscere la mia strada, via Pardini. I campi, i giardini, i piccoli boschi di acacie sono stati ingoiati dalle seconde case dei turisti milanesi, fiorentini, quelli che chiamavamo "i signori".

Devo rifare il tragitto più volte prima di trovare la stradina sterrata che conduce a casa nostra. Parcheggio e scendo. Procedo quasi in punta di piedi, come un ladro. Arrivo davanti alla nostra vecchia casa, che ora appartiene a un costruttore pratese. Il cancello in ferro battuto, che il Ba' chiudeva con la catena ma che si poteva scavalcare con un salto, adesso è un robusto cancello elettrico. Sbircio all'interno, non c'è più niente di familiare, anche il box in lamiera che ospitava mio fratello non c'è più.

Inspiro profondamente come se sperassi di sentire almeno l'odore della nostra mimosa, e me ne vado ubriaco di nostalgia.

Un cane abbaia in lontananza. Sento il rumore degli zoccoli di legno strascicati da due ragazzini in pantaloncini corti e maglietta a righe che corrono per la stradina ghiaiosa, richiamati dalla trombetta del gelataio Eugenio con la sua Ape Piaggio.

«Due soldini per due gelati, uno per me e uno per mio fratello! E anche un po' di panna per favore. Costa di più, ma non abbiamo più soldini.»

Eugenio è generoso e gli piace vederli sorridere, così i due si allontanano contenti perché con poco hanno avuto tanto. Non sanno ancora nulla di quello che la vita ha pensato per loro.

Ci sarà tempo per tutto il bene, per tutto il male, per quando ogni cosa sarà cambiata. Adesso li guardo oltrepassare il cancello in ferro battuto con le loro magliettine a righe e le facce sporche di gelato, felici.

Grazie Eugenio, adesso la vita è buona.

Finale

Vivo come uno zingaro, un nomade. Mi trascino valigie troppo cariche, piene di oggetti che non mi servono dimenticando sempre l'unica cosa di cui invece ho bisogno. Sono fatto così.

Quando non sono in tournée vivo tra Milano e Roma, con rare soste – a malincuore – nel mio campo base, a Prato.

La casa in riva al fiume è uno scrigno di ricordi, belli e brutti. Nella parte ristrutturata del fienile, sulla scala che sale alla zona notte, ho appeso le foto dei cani che ho e che ho avuto la fortuna di avere. Zeus è il capostipite della dinastia, ne ha l'aspetto, la fierezza.

Ogni volta che vedo la sua foto, mi torna in mente Franco. Zeus se ne è andato il 21 novembre, giorno del compleanno di mio fratello, un mese prima del fatidico Natale. Era Natale quando incrociai per la prima volta lo sguardo sghembo di Franchino e per Natale se n'è andato.

Nello strano gioco di coincidenze, l'ultima è successa in quella casa, proprio il Natale scorso, quello del 2019.

Mentre mi aiutavano a portare dentro l'ennesima valigia, ho notato una busta gialla sopra il tavolo della cucina, una di quelle che si usano per spedire i documenti. Ho pensato a un messaggio di auguri. Quando l'ho aperta, ho trovato degli oggetti: un paio di occhiali da lettura, un braccialetto d'argento, di quelli che si comprano dai senegalesi o sulle bancarelle di chincaglierie, e un documento, la carta d'identità di mio fratello.

Il mio cuore ha perso un battito, la fitta di un dolore lontano.

Ho guardato la busta, il mittente era l'avvocato che aveva seguito la nostra causa. Mi aveva mandato i suoi effetti personali rimasti per tutto quel tempo in questura, chissà per quale motivo.

Me li rigiravo tra le mani, era tutto quello che rimaneva di Franco. Era tutto quello che aveva, la sua eredità. Come se il resto non fosse stato importante, come se avesse potuto privarsi di tutto meno che di quelle piccole, povere cose.

Un paio di occhiali per scrivere poesie.

Un braccialetto come affetto personale.

Un documento per ricordare di essere esistito.

Ho guardato la foto:

«Ciao Franchino» ho sussurrato. Aveva il sorriso appena accennato di chi non sopporta farsi fotografare. Poi mi è sembrato di sentire la sua voce: "Ciao artista, ti chiedo scusa per quello che non sono stato e che avrei potuto essere. Ma sono nato sbagliato, difettato. Avrei voluto tanto essere come te, somigliarti, ma non ce l'ho fatta. Perdona la mia fragilità".

Ho chiuso gli occhi e ho sentito la sua risata roca, l'ho guardato sistemarsi la sciarpa intorno al collo, sprofondare le mani nel giubbotto, e questa volta l'ho visto tornare indietro per avere sessant'anni insieme, e prenderci per il culo su chi sembra più vecchio. Si è sposato e ha dei figli, a uno ha dato il mio nome. Finalmente ama, e si sente amato.

Facciamo insieme quello che non siamo mai riusciti a fare: viaggiamo, andiamo a vedere il mondo, a cercare la musica, il sole, il mare, una montagna che lui saprebbe scalare mentre io lo aspetto di sotto. Tanto ce la può fare anche da solo, è mio fratello.

Ho riposto tutto nella busta, meno che il braccialetto. Me lo sono provato, era troppo stretto. Chissà come se l'è risa, era molto geloso delle sue cose.

Sono uscito in giardino. Una neve incerta si era posata leggera sugli ulivi, sull'abete illuminato, sugli alberi da frutto, senza arrivare a terra. Poi l'ho vista e mi è scappato un sorriso. In un angolo, leggermente incipriata, sul confine col vicino, c'era la pianta d'alloro che Franchino aveva potato. Era forte e rigogliosa.

Anche ciò che si distrugge può tornare in vita.

Ringraziamenti

Di solito questo spazio è dedicato ai ringraziamenti, io lo userò per fare le mie scuse.

Vorrei scusarmi con le persone che in questo libro non sono citate ma che lo avrebbero meritato per l'aiuto, continuo o occasionale, che hanno dato a mio fratello, con un piatto di minestra, una coperta pulita, una sigaretta, un abbraccio, una parola buona.

Chiedo scusa a queste anime gentili di cui non sono a conoscenza.

Chiedo scusa a chi ho dimenticato di ricordare e a chi ho ricordato male.

Chiedo scusa anche a nome di mio fratello per tutto il disturbo arrecato alle forze dell'ordine, che si sono comportate con noi in maniera splendida, con pazienza e comprensione, e a tutti quelli che in qualche modo hanno sopportato e subito la nostra imperfezione.

Chiedo scusa se la mia memoria non è stata perfetta nel ricordare esattamente luoghi, fatti, persone e circostanze. Fare una cronaca fedele a distanza di anni è un compito difficile, se non impossibile.

A chi non voleva essere citato.

A chi mi è stato vicino in quegli anni difficili e a cui non ho restituito con altrettanta generosità.

Agli amici di Franco, a chi lo conosceva meglio di me, se non sono riuscito a raccontarlo fino in fondo e a rendergli giustizia.

Chiedo scusa a mio fratello, se non ho fatto abbastanza.

Chiedo scusa a:
Niccolò Ammaniti
Gianrico Carofiglio
Donato Carrisi
Erri De Luca
Elena Ferrante
Roberto Saviano
Sandro Veronesi
Marco Vichi
e a tutti gli scrittori degni di questo nome.

Mondadori Libri S.p.A.

Questo volume è stato stampato
presso ELCOGRAF S.p.A.
Stabilimento - Cles (TN)

Stampato in Italia - Printed in Italy